Mulheres Poderosas

Um Guia de uma Vida de Sucesso para Todas as Mulheres

LOUISE L. HAY

Mulheres Poderosas

Um Guia de uma Vida de Sucesso para Todas as Mulheres

Tradução:
Bianca Rocha

MADRAS®

Publicado originalmente em inglês sob o título *Empowering Women – Every Woman's Guide to Successful Living*, por Hay House, Inc.
© 1997, Louise L. Hay.
Direitos de edição e tradução para o Brasil.
Tradução autorizada do inglês.
© 2016, Madras Editora Ltda.

Editor:
Wagner Veneziani Costa

Produção e Capa:
Equipe Técnica Madras

Tradução:
Bianca Rocha

Revisão da Tradução:
Renata Argarate

Revisão:
Arlete Genari
Jerônimo Feitosa

Dados Internacionais de Catalogação na Publicação (CIP)
(Câmara Brasileira do Livro, SP, Brasil)

Hay, Louise L.
Mulheres poderosas: Um guia de uma vida de sucesso para todas as mulheres/Louise L. Hay; tradução Bianca Rocha. – São Paulo: Madras, 2016.
Título original: Empowering women: every woman's guide to successful living.
ISBN 978-85-370-0775-4

1. Autorrealização (Psicologia) 2. Mulheres – Conduta de vida 3. Mulheres – Psicologia 4. Sucesso I. Título.

12-06910   CDD-158.182

Índices para catálogo sistemático:
1. Mulheres : Psicologia aplicada de sucesso
158.182

É proibida a reprodução total ou parcial desta obra, de qualquer forma ou por qualquer meio eletrônico, mecânico, inclusive por meio de processos xerográficos, incluindo ainda o uso da internet, sem a permissão expressa da Madras Editora, na pessoa de seu editor (Lei nº 9.610, de 19/2/1998).

Todos os direitos desta edição, em língua portuguesa, reservados pela

MADRAS EDITORA LTDA.
Rua Paulo Gonçalves, 88 – Santana
CEP: 02403-020 – São Paulo/SP
Caixa Postal: 12183 – CEP: 02013-970
Tel.: (11) 2281-5555 – Fax: (11) 2959-3090
www.madras.com.br

Índice

Sobre Mulheres Poderosas 9
Introdução 11

CAPÍTULO I
Começando: Temos Muito a Fazer e Muito a Aprender .. 15

CAPÍTULO II
Publicidade: A Autoestima das Mulheres como Alvo 25

CAPÍTULO III
Selecionando Crenças e Pensamentos Positivos 29
    As respostas estão dentro de nós 35
    Superando o medo 38
    Reconhecendo nossas crenças 42
    Afirmações: dando uma nova direção à vida 44

CAPÍTULO IV
Seu Relacionamento com... Você Mesma 57
    Todas nós temos amor por dentro 60

CAPÍTULO V
Filhos, Maternidade e Autoestima 63
    Fazendo com que nossos filhos tenham amor-próprio ... 67

CAPÍTULO VI
Criando uma Boa Saúde para Si 73
    A importância de nossa dieta 74
    Os benefícios dos exercícios 77
    Algumas reflexões sobre o fumo 78
    Menopausa: normal e natural 79
    Cirurgia plástica: faça-a pelas razões certas 85
    Câncer de mama: o que representa? 87
    Precisamos cuidar do nosso coração 90

CAPÍTULO VII
Explorando a Sexualidade 93

CAPÍTULO VIII
Abuso Sexual e Denúncia 97

CAPÍTULO IX
Envelhecimento: Melhorando a Qualidade de Vida 113
    O seu futuro será sempre brilhante 122

CAPÍTULO X
Construindo um Futuro Financeiramente Seguro 135

CAPÍTULO XI
Mulheres em Apoio a Outras Mulheres 143
    Diretrizes gerais 144

Conclusão 151
    Somos todas pioneiras! 152

Agora é a hora de as mulheres romperem as barreiras da autolimitação.
Você pode ser muito mais do que sempre sonhou ser possível.

A autora deste livro não fornece aconselhamento médico ou prescreve o uso de qualquer técnica como forma de tratamento para problemas de saúde sem orientação médica, seja direta ou indiretamente. A intenção da autora é apenas oferecer informações de natureza geral para ajudá-la em sua busca pelo bem-estar emocional e por uma boa saúde. Caso você utilize qualquer informação deste livro para si mesma, o que é seu direito constitucional, a autora e a editora não assumem responsabilidade por suas ações.

Sobre Mulheres Poderosas

Algo antigo, algo novo. Este livro para ajudar as mulheres a alcançar seu verdadeiro potencial contém algumas de minhas ideias antigas e muitas ideias novas. Ao rever os fundamentos e complementá-los, criamos uma posição firme para o futuro. Dar poder às mulheres é a melhor coisa que podemos fazer para o planeta. Quando as mulheres são reprimidas, todo mundo perde. Quando as mulheres vencem, todos nós vencemos.

– Louise L. *Hay*

Introdução

"Criar algo novo e original funciona muito melhor se você cuidadosamente 'completar' o que estiver finalizado ao mesmo tempo em que idealizar o novo."

– Dra. Christiane Northrup

Em primeiro lugar, lembre-se que todos os professores são apenas um ponto de partida em seu caminho para o crescimento. Isso me inclui. Não sou curandeira; não curo ninguém. Estou aqui para ajudá-la a ter poder compartilhando ideias com você. Eu a encorajo a ler muitos livros e a estudar com muitos professores, pois nenhuma pessoa ou nenhum sistema consegue abranger tudo. A Vida é muito vasta para ser compreendida totalmente, e ela em si está sempre evoluindo e expandindo e tornando-se mais Vida. Então, aproveite o melhor do que você ler neste livro. Absorva-o, utilize-o e depois recorra a outros professores.

Expanda e aprofunde continuamente o seu próprio entendimento da Vida.

Todas as mulheres, incluindo eu e você, foram envergonhadas e culpadas desde a infância. Nós fomos programadas por nossos pais e nossa sociedade para pensar e nos comportar de certa maneira – sermos mulheres, com todas as regras, regulamentos e frustrações que isso envolve. Algumas de nós estão muito contentes em representar esse papel, mas a maioria não.

A vida vem em ondas, experiências de aprendizagem e períodos de evolução. Atualmente vivemos um período de evolução maravilhosa. Por muito tempo, as mulheres ficaram totalmente sujeitas aos caprichos e sistemas de crenças dos homens. Era dito a nós o que poderíamos fazer, quando fazer e como. Quando menina, me lembro de ser ensinada a andar dois passos atrás de um homem, a olhar para ele e perguntar: "O que penso e o que faço?". Não me falaram literalmente para fazer isso, mas eu observava minha mãe, e era isso o que ela fazia; então foi esse o comportamento que aprendi. Sua origem lhe ensinou que ela devia demonstrar completa obediência aos homens, então aceitava esse abuso como normal, assim como eu. Esse é um exemplo perfeito de como aprendemos nossos padrões – aceitando e repetindo os comportamentos e as crenças de nossos pais.

Levou muito tempo para eu perceber que esse comportamento não era normal, nem era isso o que eu, como mulher, merecia. Conforme mudava, aos poucos, meu sistema de crenças interior – minha consciência –, comecei a criar autovalorização e autoestima. Ao mesmo tempo, meu mundo exterior mudou, e passei a não mais atrair homens que eram dominadores e abusivos. A autovalorização e a autoestima interiores são as coisas mais importantes que uma mulher pode possuir. Se não temos essas qualidades, então precisamos desenvolvê-las. Quando nossa autovalorização é forte, não aceitamos posições de inferioridade e abuso. Nós apenas cedemos à dominação dos outros porque aceitamos e acreditamos que "não prestamos" ou não temos valor.

Hoje, quero focar meu trabalho em ajudar as mulheres a se tornar tudo o que elas podem ser e a encontrar verdadeiramente uma posição de igualdade nesse mundo. Quero ajudar a mostrar que todas as mulheres têm amor-próprio, autovalorização, autoestima e uma posição de poder na sociedade. Isso não significa de maneira alguma diminuir os homens, mas realmente ter "igualdade" entre os sexos, o que beneficia a todos.

Conforme você for continuando a ler este livro e trabalhar com ele, lembre-se de que fazer mudanças em suas crenças e atitudes leva tempo. Quanto tempo leva? Você poderia perguntar: "Em quanto tempo conseguimos compreender e aceitar novas ideais?". Isso varia para cada pessoa. Portanto, não coloque restrições e limites de tempo em seu progresso; apenas faça o trabalho da melhor forma que conseguir, e o Universo, com seu conhecimento ilimitado, guiará você na direção certa. Passo a passo, momento a momento, dia a dia, a prática nos levará aonde queremos estar.

CAPÍTULO I

Começando: Temos Muito a Fazer e Muito a Aprender

Quero mostrar a você um exemplo perfeito de como as mulheres eram programadas no passado. Encontrei o seguinte trecho em um livro da década de 1950 do Ensino Médio sobre economia doméstica – de verdade!

1. *Deixe o jantar pronto.* Planeje antecipadamente, mesmo na noite anterior, para ter uma deliciosa refeição no horário. Essa é uma forma de fazer com que ele saiba que você esteve pensando

nele e está preocupada com suas necessidades. A maioria dos homens chega em casa com fome, e a perspectiva de uma boa refeição é parte das boas-vindas calorosas de que eles precisam.

2. *Prepare-se.* Reserve 15 minutos para descansar, assim você estará renovada quando ele chegar. Arrume a maquiagem, coloque uma fita em seu cabelo e fique com um aspecto saudável. Ele acaba de estar com muitas pessoas cansadas pelo trabalho. Fique um pouco feliz e um pouco mais interessante. O dia cansativo dele pode precisar de um ânimo.

3. *Limpe a bagunça.* Dê uma última passada na parte principal da casa pouco antes de seu marido chegar, recolhendo livros escolares, brinquedos, papéis, etc. Depois, tire o pó dos móveis. Seu marido se sentirá como se tivesse alcançado um refúgio de descanso e ordem, e isso dará ânimo a você também.

4. *Prepare as crianças.* Reserve alguns minutos para lavar as mãos e os rostos das crianças (se elas forem pequenas), penteie seus cabelos e, se necessário, troque suas roupas. Elas são pequenos tesouros, e ele gostará de vê-las representando esse papel.

5. *Minimize todo o barulho.* Na hora de ele chegar, elimine todo o barulho de máquina de lavar, secadora, lava-louças ou aspirador de pó. Tente fazer as crianças permanecerem quietas. Fique feliz ao

vê-lo. Cumprimente-o com um sorriso caloroso e fique contente ao vê-lo.
6. *Alguns nãos.* Não o cumprimente com problemas ou reclamações. Não reclame se ele estiver atrasado para o jantar. Considere isso pequeno se comparado a tudo pelo que ele deve ter passado durante o dia. Faça-o se sentir confortável. Permita que ele se encoste a uma poltrona confortável ou sugira que ele se deite no quarto. Deixe preparada uma bebida gelada ou quente para ele. Ajeite o travesseiro dele e se ofereça para retirar seus calçados. Fale em um tom baixo, suave, calmo e agradável. Permita que ele relaxe e repouse.
7. *Escute-o.* Você tem uma dúzia de coisas para contar-lhe, mas o momento de sua chegada não é a hora certa. Permita que ele fale primeiro.
8. *Deixe que ele determine a noite.* Nunca reclame se ele não levá-la para jantar fora ou para outro entretenimento agradável. Em vez disso, tente compreender seu mundo de tensão e pressão, sua necessidade de repousar e relaxar.

Não há nada de errado com o que foi mencionado SE isso for o que você quer fazer. Mas perceba que quase todas as jovens mulheres daquele tempo eram programadas para negar a si mesmas completamente em favor de agradar seus maridos. Assim era como uma "boa mulher" deveria se comportar. Bom para os homens, não tão bom para as mulheres. Nós, mulheres de hoje, precisamos repensar nossas vidas. Podemos nos reinventar ao aprender a questionar tudo, mesmo aquelas coisas que parecem ser totalmente rotineiras: cozinhar, limpar, cuidar dos filhos, fazer as compras, servir de motorista. Todas as coisas que temos feito automaticamente há muito tempo precisam ser reexaminadas. Será que queremos viver o resto de nossas vidas como temos vivido, deixando alguns pedaços de nós para trás conforme o tempo passa?

Elevar as mulheres não significa ter de diminuir os homens. Atacar os homens é tão ruim quanto assediar as mulheres. Não queremos nos envolver nisso. Esse tipo de comportamento mantém a todos nós estagnados, e acho que já ficamos estagnados demais. Culpar a nós mesmas ou aos homens ou à sociedade por todos os males em nossas vidas não ajuda a sanar a situação e apenas nos mantém impotentes. A culpa é sempre um ato de impotência. A melhor coisa que podemos fazer pelos homens em nosso mundo é parar de sermos vítimas e definir nossas próprias ações juntas. Todo mundo respeita alguém que possui autoestima.

Eu tenho grande compaixão pelos homens e as dificuldades que enfrentam durante a vida. Eles também estão presos em seus papéis e carregam grandes fardos e enormes pressões. Desde a infância, os meninos são ensinados a não chorar nem expressar emoções. Eles são ensinados a conter seus sentimentos. Em minha opinião, essa é uma forma de abuso e tortura às crianças. Não é de se surpreender que, quando adultos, os homens expressem tanta raiva. Além disso, a maioria dos homens lamenta a falta de um bom relacionamento com seus pais. Se você quer ver um homem chorar, leve-o a algum lugar seguro e faça-o falar sobre o pai dele. Geralmente, muita tristeza surge quando os homens falam sobre todas as coisas não ditas entre eles e como eles queriam que sua infância tivesse sido diferente. Eles gostariam muito de ouvir de seus pais que eles eram amados e preciosos.

Culturalmente, as mulheres sofreram uma lavagem cerebral a fim de acreditar que, para sermos "boas", precisamos colocar a necessidade de todo mundo antes da nossa. Muitas de nós vivemos nossas vidas satisfazendo às demandas do que *deveríamos* ser em vez da realidade de o que *somos*. Existem muitas mulheres que andam por aí profundamente ressentidas porque se sentem "forçadas a servir" aos outros por obrigação. Não impressiona o fato de muitas mulheres estarem exaustas. Mães que trabalham geralmente têm dois empregos em tempo integral – um no escritório e outro que se inicia depois de chegar em casa, ao cuidar da família. O autossacrifício mata quem se sacrifica.

Nós não temos de ficar doentes para conseguir descansar um pouco. Acredito que muitas doenças nas mulheres são uma forma de conseguir um pouco de repouso. Essa é a única desculpa que muitas delas têm para se permitir um tempo livre. Elas precisam estar acamadas para dizer não.

Nós mulheres precisamos saber – realmente saber – que não somos cidadãs de segunda classe. Isso é um mito perpetuado por alguns segmentos da sociedade, e não faz sentido! A alma não tem inferioridade; a alma nem mesmo tem sexualidade. Temos de aprender a valorizar nossas vidas e nossas habilidades assim como somos ensinadas a valorizar os outros. Eu sei que quando o movimento feminista surgiu, as mulheres estavam com tanta raiva por causa das injustiças impostas a elas, que culpavam os homens por tudo. Naquela época, isso estava certo. As mulheres precisavam fugir de suas frustrações – por um momento –, como uma terapia. Se você for a um terapeuta para tratar de um abuso infantil, precisa expressar todos aqueles sentimentos antes de conseguir se curar.

No entanto, quando temos tempo para expressar esses sentimentos, o pêndulo balança para um ponto mais equilibrado. Isso é o que está acontecendo com as mulheres atualmente. É a hora de liberarmos a raiva e a culpa, o complexo de vítima e a falta de poder. Agora é o momento de nós mulheres reconhecermos e reivindicarmos nosso poder. Essa é a hora de tomarmos nosso pensamento em mãos e começar a criar o mundo de igualdade que dizemos querer.

Quando nós, como mulheres, aprendermos a cuidar de nós mesmas de uma forma positiva, a ter autorrespeito e autovalorização, a vida de todos os seres humanos, incluindo a dos homens, dará um grande salto na direção certa. Existirá respeito e amor entre os sexos, e tanto os homens quanto as mulheres se honrarão. Aprenderemos que há muito para todas e que podemos nos abençoar e prosperar. Acredito que possamos criar um mundo no qual seja seguro para nos amarmos, no qual todos possamos ser felizes e completos.

Por muito tempo, nós mulheres desejamos ter mais domínio sobre nossas vidas. Agora nós temos a janela da oportunidade para sermos tudo o que podemos ser. Sim, ainda existe muita injustiça em relação ao poder aquisitivo e legal entre homens e mulheres. Ainda temos de concordar com o que conseguimos nos tribunais. As leis foram escritas para os homens. Os tribunais falam sobre o que um homem razoável faria, até mesmo nos casos de violência sexual!

Eu gostaria de recomendar que as mulheres iniciassem uma campanha popular para reescrever as leis, de forma que elas sejam igualmente favoráveis a homens e mulheres. Nós mulheres temos um enorme poder coletivo quando nos juntamos para resolver uma questão. Precisamos ser lembradas sobre o nosso poder, esse poder coletivo. A energia acumulada das mulheres reunidas por uma causa comum pode ser surpreendente. Antes, as mulheres estavam lutando por seu direito de votar. Hoje, podemos nos candidatar.

Eu gostaria de encorajar as mulheres a se candidatar a cargos políticos. Fazemos parte da política – é uma área aberta para nós. Não há nenhuma das restrições do mundo corporativo. Se quisermos moldar nossas leis e nossos governos de forma que eles nos apoiem igualmente, precisamos entrar nessas áreas. Podemos começar no nível mais básico. Não precisamos de uma vida inteira de treinamento para entrar na política. Uma carreira política é uma posição de poder para as mulheres.

Você sabia que em 1935 Eleanor Roosevelt fez com que o Congresso aprovasse uma lei de que todas as casas novas construídas deveriam possuir um banheiro em seu interior? Muitos dos homens do Congresso fizeram objeção a isso questionando: "Como conseguiremos distinguir os ricos dos pobres se todos tiverem banheiros?!". Atualmente, é tão comum termos banheiros no interior das residências que nem temos noção de que uma mulher poderosa lutou no Congresso para decretar essa medida. Quando as mulheres se unirem, moveremos montanhas, e o mundo será um lugar melhor para se viver.

Nós viemos de um longo caminho e não queremos perdê-lo de vista. No período colonial, o homem era o monarca indiscutível da unidade familiar, e qualquer desobediência da esposa, dos filhos ou dos servos era punida com açoitamento. Na década de 1850, nenhuma mulher respeitável poderia se permitir gostar de sexo. Sim, avançamos uma boa distância e estamos apenas começando esta nova fase de nossa evolução. Temos muito a fazer e muito a aprender.

Atualmente, as mulheres possuem uma nova fronteira de liberdade, e precisamos de novas soluções criativas para todas as mulheres, incluindo aquelas que moram sozinhas.

CAPÍTULO II

Publicidade: A Autoestima das Mulheres como Alvo

O mundo da publicidade tem se dirigido às mulheres tirando vantagem de nossa falta de autoestima para fazer com que adquiramos seus produtos. A mensagem principal da maioria das propagandas é: "Você não é boa o suficiente... e só poderá melhorar se comprar nosso produto". Nós permitimos que os publicitários nos tenham como alvo somente porque acreditamos que há algo de errado conosco que precisa ser corrigido. Precisamos parar de aceitar suas tentativas de fazer com que tenhamos a sensação de sermos inferiores.

Uma das áreas preferidas de ataque pelos publicitários é nosso corpo. Por causa das crenças negativas sobre nosso corpo que temos aceitado da sociedade e graças ao forte bombardeio de propagandas do tipo "você não é boa o suficiente" voltadas para as mulheres, não é de se surpreender que na maior parte do tempo não amemos nossos corpos. Quantas de nós conseguem realmente dizer que amam seu glúteo? Já temos problemas o suficiente tentando aceitar nosso nariz e nosso quadril. Eu me pergunto em que idade aprendemos a igualar nossa autovalorização ao nosso corpo. Os bebês nunca acham que não são bons o suficiente por causa do tamanho do quadril deles!

Quando adolescentes, somos bombardeadas por propagandas que tentam derrubar nossa autoestima e nos fazer sentir que precisamos de determinado produto para sermos atraentes e aceitas pelos outros. É por isso que as adolescentes em nossa sociedade, como grupo, têm a autoestima mais baixa. Em muitos casos, esse sentimento de autoestima reduzida continua durante nossa vida adulta. As indústrias de tabaco adoram ter como alvo as adolescentes em suas propagandas porque elas sabem que, se você pegar essas pessoas com baixa autovalorização e fizer com que elas se viciem, você terá uma grande chance de criar consumidores para toda a vida.

Outro dia ouvi uma menina de 3 anos dizendo: "Eu não quero usar este vestido, ele me deixa gorda".

Garotas de 10 anos estão fazendo dieta. A anorexia e a bulimia estão aumentando sem limites em nossas escolas. O que estamos fazendo com nossas crianças? Se você tiver filhos, mostre a eles como as propagandas os estão explorando. Examinem as propagandas juntos. Faça com que seus filhos apontem a você o que é manipulativo nas propagandas. Ensine isso a eles desde cedo, permitindo que tenham poder de viver suas vidas por meio de escolhas inteligentes, agindo em vez de reagir.

Você já percebeu quantas revistas femininas publicam, na mesma edição, as últimas dietas *e* receitas para sobremesas que engordam? Qual o tipo de mensagem que elas estão nos passando? Engordar, emagrecer, engordar, emagrecer. Não é surpresa que muitas mulheres sofram com o efeito sanfona. Não temos como viver de acordo com toda propaganda ou mensagem da mídia que surge. Na próxima vez que você ver um anúncio em uma revista ou na televisão, olhe para ele de forma crítica. Qual é a verdadeira mensagem que os publicitários estão lhe passando? Eles estão tentando fazer com que você se sinta inferior ou não tão boa? Eles estão lhe mostrando um sonho impossível de ser alcançado? Comece a rir das propagandas que você vê, e elas não terão mais poder sobre você. Propagandas exploradoras são outra maneira de controlar e dominar as mulheres. Precisamos fazer tudo o que pudermos para ter nosso poder de volta.

Gostaria que fosse feita uma campanha na qual toda vez que víssemos um anúncio em uma revista ou na televisão que realmente insultasse a inteligência feminina, em vez de olharmos para nós mesmas dizendo: "Se ao menos meu quadril fosse como o dela" ou qualquer outra coisa do tipo, sentássemos e enviássemos uma carta à empresa dizendo: "Como vocês ousam tentar me explorar? Nunca mais comprarei o seu produto!". Se nós mulheres enviássemos cartas aos anunciantes negativos e manipulativos e apenas comprássemos produtos de empresas que apoiassem as mulheres em suas propagandas, estas começariam a mudar.

Compramos tantas coisas apenas porque sentimos que "Oh, se ao menos eu tivesse isso, ficaria bem". Mesmo assim, nossos pensamentos retornam à antiga crença: "Nós não somos boas o suficiente. Nós não somos boas o suficiente". Precisamos saber, *de verdade*, que nós mulheres somos boas o suficiente EXATAMENTE da maneira como somos.

Reúna-se com um grupo de amigas e analisem alguma revista feminina. Examinem as reportagens e as propagandas. Fiquem cientes do que estão vendo e de quais são as mensagens subliminares. Precisamos abrir os olhos. Precisamos estar atentas para ouvir. O que realmente está sendo apresentado? O que realmente está sendo dito? Como a publicidade está tentando nos controlar?

Vamos pensar de verdade sobre esse assunto!

CAPÍTULO III

SELECIONANDO CRENÇAS E PENSAMENTOS POSITIVOS

Como muitas de vocês sabem, eu acredito que os pensamentos que temos, as palavras que dizemos e as crenças que mantemos são muito poderosos. Eles moldam as nossas vidas e experiências. É quase como se toda vez que tivéssemos um pensamento ou disséssemos uma palavra, o Universo estivesse nos escutando e nos respondendo. Portanto, se existir algo em nossa vida de que não gostamos, temos o poder de fazer mudanças. Temos o poder de nossos pensamentos e palavras. Conforme mudamos nossos pensamentos e nossas palavras, nossas experiências também mudam. Não importa de onde viemos, não importa o quanto nossa infância foi difícil, podemos realizar mudanças positivas atualmente. Este é um conceito poderoso e libertador, e conforme acreditamos nele, ele se torna verdadeiro para nós. Para mim, essa é a maneira como tratamos de todos os assuntos a princípio. Primeiro fazemos as mudanças em nossa mente, e então a vida nos responde de acordo com isso.

Sempre estamos vivendo o nosso passado. Estamos vivendo neste momento o que criamos em nossos pensamentos e crenças do passado. Portanto, se estiver acontecendo algo em nossas vidas de que não gostamos, temos a opção de recriar nossas experiências para o futuro. Quando começamos a mudar nosso pensamento, podemos não ver muitos resultados positivos imediatamente, mas, conforme continuamos com nossos novos padrões de pensamento, conseguimos observar que nosso amanhã começa a se tornar diferente. Se quisermos que nosso amanhã seja positivo, então devemos mudar nosso pensamento hoje. Os pensamentos de hoje criam as experiências de amanhã.

Muitas pessoas me perguntam: "Como posso pensar de maneira positiva se sempre estou cercado de pessoas negativas?". Quando estou cercada de pessoas dizendo coisas negativas, digo silenciosamente a mim mesma: "Isso pode ser verdade para você, mas não é verdade para mim". Algumas vezes até falo isso em voz alta. Essa percepção permite às outras pessoas ser tão negativas quanto quiserem, enquanto mantenho como verdadeiras as minhas próprias crenças positivas. Faço o máximo para evitar pessoas assim. Você pode se perguntar por que está sempre cercada de pessoas negativas. Lembre-se de que não podemos mudar os outros. Apenas podemos mudar a nós mesmos. Quando mudamos internamente, as outras pessoas reagem a essa mudança. A coisa mais importante que podemos fazer é mudar nossos padrões de pensamento. Não importa o quanto estejamos ocupados e quanto isso seja difícil, ainda estamos pensando, e ninguém pode interferir em nossos pensamentos.

Gostaria que todas nós incluíssemos a palavra neuropeptídeos em nosso vocabulário. Essa palavra, difundida por Candace Pert em sua pesquisa sobre a função cerebral, refere-se a "mensageiros químicos" que se deslocam pelo corpo sempre que temos um pensamento ou dizemos alguma palavra. Quando nossos pensamentos são furiosos, intolerantes ou críticos, as químicas que eles produzem deprimem o nosso sistema imunológico. Quando nossos pensamentos são carinhosos, fortalecedores e positivos, os mensageiros carregam outras químicas para aprimorar o sistema imunológico. A ciência finalmente está concordando com o que muitos de nós sabemos há anos: existe uma conexão corpo/mente. Essa comunicação entre a mente e o corpo nunca adormece. A sua mente está constantemente transmitindo os seus pensamentos para as células de seu corpo.

Então, a cada momento, estamos escolhendo conscientemente ou inconscientemente pensamentos saudáveis ou prejudiciais. Esses pensamentos afetam o nosso corpo. Um pensamento sozinho não tem tanta influência sobre nós. Porém, todos nós temos mais de 60 mil pensamentos por dia, e o efeito de nossos pensamentos é cumulativo. Pensamentos ruins envenenam o nosso corpo. Atualmente, a ciência está confirmando que não podemos nos permitir ceder a pensamentos negativos. Isso nos faz ficar doentes e nos mata.

Durante muito tempo, não consegui compreender a expressão: "Somos todos um; somos criados igualmente". Isso não fazia sentido. Eu via que existiam pessoas ricas e pobres, bonitas e não atraentes, brilhantes e estúpidas, de todas as cores, de todas as raças, de infinitas religiões e maneiras de ver a vida. Parecia haver tantas diferenças entre as pessoas. Como era possível dizer que todas elas foram criadas igualmente?

Por fim, meu entendimento evoluiu, e aprendi o que isso significava. Atribuo esse novo nível de compreensão à escritora e conferencista Caroline Myss. Veja, os pensamentos que temos e as palavras que dizemos afetam o corpo de TODOS NÓS igualmente. Os neuropeptídeos, mensageiros químicos que se deslocam pelo nosso corpo toda vez que temos um pensamento ou dizemos uma palavra, afetam a TODOS NÓS DA MESMA MANEIRA. Um pensamento negativo é tão tóxico para um corpo americano quanto para um corpo chinês ou italiano. A raiva é tão tóxica dentro de uma pessoa cristã quanto de uma pessoa judia ou muçulmana. Homens, mulheres, homossexuais, heterossexuais, crianças, idosos – todos reagem IGUALMENTE aos neuropeptídeos criados por nosso processo de pensamento.

O perdão e o amor têm poder de cura sobre todos nós, não importa em qual país moramos. Todos os indivíduos deste planeta precisam curar seu espírito antes de ter uma cura permanente em seus corpos. Viemos aqui para aprender as lições do perdão e do amor-próprio. Nenhuma pessoa, não importa onde ela viva, escapará dessas lições. Você está lutando contra suas lições, insistindo em ser hipócrita e amarga? Quer aprender a perdoar os outros e a si mesma? Quer amar a si mesma e adentrar a riqueza e a plenitude da Vida? Essas são as lições da Vida, e elas afetam todos nós igualmente. Somos todos Um. Somos todos criados igualmente. O AMOR CURA A TODOS NÓS! (Para aquelas que estiverem prontas para trabalhar em um nível espiritual mais profundo, indico a leitura de *Anatomia do Espírito – Os Sete Estágios do Poder e da Cura*, de Caroline Myss, Ph.D. As informações transmitidas por ela são extraordinárias).

Então, quais tipos de pensamentos você está tendo bem agora? Quais tipos de neuropeptídeos estão se deslocando pelo seu corpo neste exato momento? Seu pensamento está deixando você doente ou bem?

Muitas de nós nos sentamos em nossas próprias prisões hipócritas de indignação ou ressentimento. O que ainda não entendemos é que a culpa cria mais devastação para o acusador do que para o culpado. Os neuropeptídeos que carregam os pensamentos sobre culpa por nosso corpo envenenam nossas células aos poucos.

É importante deixar claro que nosso próprio ego sempre quer nos manter escravizados e infelizes. O ego é a voz interior que sempre nos diz: "Mais um pouco, tome mais um drinque, fume mais um pouco, faça isso só mais uma vez". Entretanto, nós não somos nossos corpos, não somos nossos pensamentos, e não somos nossos egos. Nós somos os donos de nossos corpos. Somos os pensadores de nossos pensamentos. Quando nossa autovalorização e nossa autoestima estiverem fortes, não cederemos nunca à voz do ego. Somos muito mais do que pensamos ser.

Quero que você se levante agora mesmo. Encontre um espelho e leve este livro com você. Olhe em seus olhos e diga para si mesma em voz alta: "Eu te amo, e estou começando a fazer mudanças positivas em minha vida a partir de agora. A cada dia, aperfeiçoarei minha qualidade de vida. Eu me sinto segura sendo feliz e realizada". Diga isso três ou quatro vezes, respirando nos intervalos. Observe quais pensamentos estão se propagando sem limites em sua mente conforme você faz essa afirmação positiva. Esta é apenas uma conversa antiga. Diga em retorno: "Obrigada por me dizer isso". Você pode estar ciente dos pensamentos negativos sem dar poder a eles.

De agora em diante, toda vez que você ver um espelho, quero que olhe em seus olhos e diga algo positivo para si mesma. Se estiver com pressa, diga apenas "Eu te amo". Este exercício simples produzirá grandes resultados em sua vida. Se você não acreditar nisso, apenas tente.

AS RESPOSTAS ESTÃO DENTRO DE NÓS

É essencial sempre termos em mente que as coisas que pensamos e dizemos se tornam nossas experiências. Portanto, devemos prestar atenção aos nossos padrões de pensamentos e afirmações para que possamos moldar nossas vidas de acordo com nossos sonhos. Podemos dizer de forma triste: "Oh, se eu tivesse ou pudesse ter isso" ou "Se eu pudesse ser ou fosse...", mas assim não estaremos usando as palavras e os pensamentos que podem de fato fazer com que esses desejos se tornem realidade. Em vez disso, estamos visualizando o pior. Nós temos todos os pensamentos negativos que conhecemos e depois nos perguntamos por que nossas vidas não estão acontecendo da maneira como gostaríamos que elas fossem.

Devemos encontrar nossa Fonte Interior e nossa Conexão Universal – aquela Grande Fonte Central de toda a vida. Devemos encontrar e utilizar nosso Núcleo Interior. Todos nós temos um tesouro de sabedoria, paz, amor e alegria dentro de nós. E isso tudo está a um passo de distância. Eu acredito que dentro de cada um de nós existe uma fonte *infinita* de paz, alegria, amor e sabedoria. Quando digo que isso está a um passo de distância, quero dizer que tudo o que precisamos fazer para nos conectar a esses lugares é fechar os olhos, respirar profundamente e dizer a nós mesmos: "Agora vou para aquele lugar dentro de mim onde existe sabedoria infinita; as respostas que procuro estão dentro de mim".

Todas as respostas para todas as perguntas que faremos já estão dentro de nós. Apenas precisamos de um tempo para nos conectar a isso. Esse é o valor e a importância da meditação. Ela nos acalma para que possamos ouvir nossa própria sabedoria interior. Nossa sabedoria interior é a melhor conexão direta que temos com toda a Vida. Não precisamos ir atrás desses dons da Sabedoria Interior. Devemos apenas criar a oportunidade para que eles venham até nós. E como é possível fazermos isso? Podemos reservar um tempo para nos sentar em silêncio, acessar o nosso interior e encontrar uma paz tão profunda e serena quanto um lago entre montanhas. Na meditação podemos encontrar alegria. Podemos nos conectar com uma fonte infinita de amor. Está tudo lá dentro de nós. E ninguém pode nos tirar esse tesouro.

Nosso propósito é explorar novas profundidades dentro de nós mesmas e tomar novas decisões sobre como queremos viver nossas vidas. Nós, como mulheres, fomos programadas para aceitar opções limitadas. Muitas mulheres casadas são extremamente solitárias porque sentem que não têm mais opções.

Elas abriram mão de seu poder. Fazem o que eu costumava fazer: recorrem a um homem para obter todas as respostas, em vez de procurá-las dentro de si mesmas. Para termos mudanças em nossas vidas, precisamos primeiro fazer essas novas escolhas em nossas mentes. Mudamos nosso próprio pensamento, e o mundo exterior passa a nos responder de forma diferente.

Portanto, estou pedindo que você acesse seu interior e deseje mudar seu pensamento. Conecte-se com os tesouros interiores e utilize-os. Quando nos conectamos com nossos tesouros interiores, damos à vida a grandeza de nosso ser. Conecte-se com seus tesouros todos os dias.

É essencial nos darmos um tempo para escutar nossa sabedoria interior. Nenhuma pessoa consegue estar totalmente em contato com a abundância do conhecimento interior sem reservar algum tempo a cada dia para meditar. Uma das coisas mais valiosas que podemos fazer é nos sentar em silêncio. Ninguém lá fora sabe mais sobre nossa vida, ou sobre o que é melhor para nós, do que nós mesmas, bem em nosso interior. Escute a sua própria voz. Ela sempre guiará seu caminho pela vida da melhor maneira possível!

Vamos todas criar um rico espaço interior. Deixe que seus pensamentos sejam seus melhores amigos. A maioria das pessoas tem os mesmos pensamentos repetidamente. Lembre-se: temos uma média de 60 mil pensamentos por dia, e a maioria deles são os mesmos pensamentos que tivemos no dia anterior e no dia precedente ao anterior. Nossos pensamentos podem se tornar padrões de negatividade ou alicerces para uma nova vida. Tenha pensamentos novos todos os dias. Tenha pensamentos criativos. Pense em novas maneiras de se fazer as mesmas coisas.

Nossa consciência é como um jardim. Tanto no jardim em volta de nossa casa como no jardim de nossa mente, o primeiro passo mais importante é estruturar um bom solo. Você começa retirando todas as ervas daninhas, todas as pedras, todos os entulhos que possa encontrar. Acrescenta adubo composto e condicionadores de solo, combinando-os de forma correta. Então, quando você plantar, a vegetação crescerá de maneira mais rápida e mais bonita. É a mesma coisa com nossa mente. Se você quer que suas afirmações cresçam de maneira mais rápida, então comece retirando todas as crenças e pensamentos negativos que encontrar. Depois plante algumas crenças boas, alguns pensamentos positivos realmente bons. Você afirma o que quer ter em sua vida, e nada poderá lhe deter. Seu jardim de pensamentos crescerá com abundância.

SUPERANDO O MEDO

Por causa da forma como as mulheres são criadas, para cuidar e servir, e priorizar as necessidades dos outros, a maioria de nós não tem autoestima e autovalorização suficientes. Temos muito medo do abandono. Temos medo da perda ou falta de segurança. Não fomos criadas para acreditar que podemos cuidar de nós mesmas. Fomos apenas ensinadas a cuidar dos outros. Quando as mulheres se divorciam, ficam apavoradas. Se elas tiverem filhos pequenos, é pior ainda. Elas se perguntam repetidamente: "Como é que eu vou conseguir me virar sozinha?".

Nós também nos mantemos em empregos e casamentos horríveis porque temos muito medo de ficar sozinhas. Muitas mulheres não acreditam que são boas o suficiente. Elas não creem que podem cuidar de si, mas *podem*.

Várias mulheres têm um medo muito grande de se tornar bem-sucedidas. Elas não acreditam que mereçam se sentir bem e prosperar. Quando você sempre se coloca em segundo lugar, fica difícil se sentir merecedora. Muitas mulheres têm medo de se tornar mais bem-sucedidas e ganhar mais dinheiro do que seus pais.

Então, como superarmos o medo do abandono ou o medo do sucesso? Esses são dois lados de uma mesma moeda. É necessário aprender a confiar no processo da Vida em si. A Vida está aqui para nos apoiar, nos direcionar e nos guiar *se* permitirmos que ela faça isso. Se fomos criadas com culpa e manipulação, então sempre iremos nos sentir "não tão boas o suficiente". Se fomos criadas para acreditar que a vida é difícil e assustadora, então não saberemos como relaxar e permitir que a Vida cuide de nós. Lemos os jornais, assistimos a todos os crimes na televisão e acreditamos que o mundo está nos perseguindo. Mas todos vivemos sob a lei de nossa própria consciência – ou seja: aquilo em que acreditamos se torna verdadeiro para nós. O que é verdade para outra pessoa não precisa necessariamente ser verdade para nós. Se aceitarmos as crenças negativas da sociedade, essas expectativas serão verdadeiras para nós e teremos muitas experiências negativas.

No entanto, conforme aprendemos a nos amar, conforme nosso pensamento se modifica, conforme desenvolvemos autovalorização e autoestima, começamos a permitir que a Vida nos ofereça todas as coisas boas que ela reserva. Isso pode soar simplista, mas é mesmo. E também é verdadeiro. Quando relaxamos e nos permitimos acreditar: "A Vida está aqui para cuidar de mim, e estou em segurança", começamos a fluir *com* a Vida. Começamos a perceber coisas sincrônicas em nossas vidas. Quando você consegue pegar o sinal verde ou o melhor lugar para estacionar, quando alguém lhe traz exatamente aquilo de que você precisava, quando escuta aquela informação certa que queria, diga: "OBRIGADA!". O Universo adora pessoas agradecidas. Quanto mais você agradecer à Vida, mais ela lhe oferecerá coisas com as quais se sentirá grata.

Eu realmente acredito que sou divinamente protegida, que apenas coisas boas podem acontecer em minha vida e que estou em segurança. Sei que sou boa o suficiente e que mereço todo o bem. Levei muitos anos e estudei muito para chegar até aqui. Tinha toneladas de pensamentos negativos das quais tive de me livrar. Deixei de ser uma mulher amarga, medrosa, pobre e negativa para ser uma mulher confiante que compartilha a abundância da Vida. Se eu consegui fazer isso, você também consegue – se estiver disposta a mudar o seu pensamento, é claro.

Quem dera se todos soubéssemos que existem sempre dois anjos guardiões acompanhando cada um de nós. Esses anjos estão aqui para nos ajudar e nos guiar, mas precisamos solicitar essa ajuda. Eles nos amam muito e estão à espera dessa solicitação. Aprenda a se conectar com esses anjos e você nunca mais se sentirá sozinha. Algumas mulheres conseguem ver seus anjos, outras conseguem senti-los, outras escutam suas vozes, e outras intuem seus nomes. Chamo meus dois anjos de "Rapazes". Eu os intuo como uma dupla. Quando surge um problema e não sei como resolvê-lo, e dirijo-me a eles. "É com vocês, Rapazes. Eu não sei o que fazer." Quando coisas boas acontecem, quando coisas sincrônicas acontecem em minha vida, digo imediatamente: "Obrigada, Rapazes, foi demais, vocês realmente mandaram muito bem desta vez. Agradeço de verdade". Os anjos também gostam de gratidão e apreciação. Faça uso deles – é por isso que eles estão ao seu lado. Os anjos adoram ser prestativos!

Para começar a se conectar com seus anjos pessoais, sente-se em silêncio, feche os olhos, respire profundamente algumas vezes e tente sentir a presença deles logo atrás de seus ombros, um de cada lado. Sinta o amor e o carinho deles. Peça que eles se apresentem a você. Permita-se sentir a proteção deles. Peça que eles a ajudem em relação a algum problema ou forneçam a resposta para alguma pergunta que você tenha. Você poderá sentir uma conexão imediata ou deverá praticar um pouco mais. Mas eu garanto a você: eles estão lá, e eles a amam. Não há nada para se temer.

RECONHECENDO NOSSAS CRENÇAS

Agora, vamos observar como podemos abandonar ou mudar nossas crenças negativas. Primeiramente, precisamos identificar a crença negativa. A maioria de nós não tem a mínima ideia *em que* acreditamos. Uma vez que reconhecemos a crença negativa, podemos decidir se queremos que essa crença continue a criar nossas circunstâncias.

A maneira mais rápida de descobrirmos quais são nossas crenças é fazendo listas. Comece com algumas folhas grandes de papel. Na parte superior de cada folha, escreva: "O QUE EU ACREDITO SOBRE..." (os homens, o emprego, o dinheiro, o casamento, o amor, a saúde, o envelhecimento, a morte), e assim por diante. Escreva essa mesma frase em relação a todos os assuntos que são importantes para a sua vida. Use um pedaço de papel separado para cada tema. Depois, comece a listar os pensamentos que surgem quando você escreve essas afirmações. Você não conseguirá fazer esse exercício em dois minutos. Isso requer tempo. Você pode trabalhar nele um pouco a cada dia. Escreva todos os pensamentos que surgirem em sua mente, não importa o quanto eles pareçam tolos. Apenas registre-os. Essas crenças são as regras interiores e subconscientes que regem sua vida. Você não conseguirá fazer mudanças positivas em sua vida até reconhecer as crenças negativas que detém. Ao se tornar autoconsciente, você consegue se refazer a qualquer momento e se tornar a pessoa que quer ser e viver a vida com a qual você sonha.

Quando as listas estiverem mais ou menos completas, leia-as novamente. Marque com um asterisco cada crença que seja sustentadora e apoiadora. Estas são as crenças que você deseja manter e reforçar. Use uma caneta de cor diferente para marcar cada crença que seja negativa e prejudicial aos seus objetivos. Estas são as crenças que a estão impedindo de ser tudo o que pode ser. São as crenças que você quer apagar e reprogramar.

Olhe para cada crença negativa e questione-se: "Eu quero que esta crença continue a reger minha vida? Eu quero me desfazer desta crença?". Se você deseja mudar, faça uma nova lista. Pegue cada afirmação negativa (todas as crenças são afirmações) e a transforme em uma declaração positiva para a sua vida. Por exemplo: "Meu relacionamento com os homens é um desastre" pode se transformar em "Os homens me adoram e me respeitam". "Jamais serei bem-sucedida" pode se tornar "Sou uma mulher confiante e realizada". "Não sei como achar um bom emprego" pode se tornar "A vida me traz o emprego perfeito". "Eu saio de uma doença para outra" pode se transformar em "Sou uma grande, forte e saudável mulher". Esses exemplos são de minha própria experiência. Você também pode pegar cada crença negativa que tem e transformá-la em uma nova lei pessoal para si mesma. Crie as diretrizes que deseja ter para sua vida. Transforme cada crença negativa em uma crença positiva. Leia todo dia essas afirmações positivas bem alto para si. Faça isso em frente a um espelho – assim essas afirmações se tornarão reais mais rapidamente. Os espelhos são mágicos para declararmos nossas afirmações.

AFIRMAÇÕES: DANDO UMA NOVA DIREÇÃO À VIDA

As afirmações sempre devem estar no tempo presente. Diga "eu tenho" e "eu sou" em vez de "eu terei" e "eu quero ser". Quando as afirmações são ditas no tempo futuro, os resultados estarão "lá", além de nosso alcance.

Poucas vezes nós reservamos um tempo de nossa agenda cheia de compromissos para cuidar de nós mesmas. Uma boa maneira de tirar um tempo para a prática interior é se juntar a uma amiga ou algumas amigas e criar um pequeno grupo de estudos. Uma tarde ou noite por semana pode ser reservada para esse propósito. Façam suas listas juntas. Ajudem-se com as afirmações. Vocês podem discutir o restante deste livro. Algumas semanas explorando ideias juntas podem realizar milagres. Vocês aprenderão umas com as outras. A energia coletiva é muito poderosa. Tudo o que precisam é de um caderno de anotações, um espelho, uma caixa grande de lenços de papel e um coração aberto e amigo. Não importa o tamanho do grupo, eu garanto que todas vocês se tornarão mais conscientes de quem são e irão aprimorar a qualidade de suas vidas.

Vamos fazer algumas perguntas a nós mesmas. Quando respondidas de forma honesta, nossas repostas podem nos fornecer uma nova direção à vida:

- Como posso aproveitar este momento para deixar a minha vida da melhor maneira possível?
- Quais são as coisas que busco em um parceiro?
- Quais coisas acredito que preciso obter de um parceiro?
- O que posso fazer para preencher essas áreas? (Não espere que um parceiro faça tudo para você. Isso é um fardo horrível para ele).
- O que me realizaria? E como posso me dar isso?
- Qual é a minha desculpa quando não tenho ninguém para me colocar para baixo?
- Se eu nunca mais tivesse um parceiro em minha vida, eu me destruiria por causa dessa carência? Ou iria criar uma vida maravilhosa e me tornar uma luz para guiar outras mulheres? Uma encaminhadora (alguém que mostra o caminho)!

- Eu vim para aprender o quê? Eu vim para ensinar o quê?
- Como posso cooperar com a Vida?

Chegou a hora de todas nós desenvolvermos nossa própria filosofia de vida e criarmos nossas próprias leis pessoais – afirmações pelas quais podemos viver, crenças que nos apoiam e nos sustentam. Este é o conjunto de leis que desenvolvi para mim mesma depois de um tempo:

- Eu sempre estou segura e divinamente protegida.
- Tudo o que preciso saber é revelado para mim.
- Tudo o que preciso chega até mim nos momentos e lugares certos.
- A vida é uma alegria e é cheia de amor.
- Eu amo e sou amada.
- Eu tenho muita saúde.
- Eu sou bem-sucedida em todos os lugares para onde vou.
- Eu quero mudar e evoluir.
- Tudo está bem em meu mundo.

Repito essas afirmações com frequência. Geralmente inicio e encerro meu dia com elas. Se acontece algo de errado comigo, eu as repito diversas vezes. Por exemplo: se estou me sentindo doente, repito: "Eu tenho muita saúde", até me sentir melhor. Se eu estiver andando por um local escuro, afirmo repetidamente: "Eu sempre estou segura e divinamente protegida". Essas crenças são tão parte de mim posso recorrer a elas em um instante. Sugiro que você faça uma lista que reflita sua filosofia de vida atual. Você sempre pode modificá-la ou acrescentar algum item a ela. Crie suas novas leis pessoais agora. Crie um universo seguro para si. Suas próprias crenças e pensamentos são o único poder capaz de prejudicar seu corpo e seu ambiente. Tais crenças e pensamentos, porém, podem ser modificados.

Como todas as outras pessoas, eu também tenho crises e problemas em minha vida. Esta é a maneira como aprendi a lidar com eles. Quando um problema aparece, digo imediatamente:

"Está tudo bem. Tudo está se resolvendo para o meu bem maior. Desta situação, apenas coisas boas irão surgir. Eu estou em segurança."

OU

"Está tudo bem. Tudo está se resolvendo para o bem maior de todas as pessoas envolvidas. Desta situação, apenas coisas boas irão surgir. Estamos em segurança."

Eu repito uma variação de uma dessas afirmações por diversas vezes, em alguns casos sem parar por 20 minutos ou mais. Dentro de um curto período de tempo, a minha mente fica clara e consigo ver a situação de maneira diferente, ou encontro uma solução, ou o telefone toca e algo se transforma e se modifica. Às vezes, quando superamos o pânico de uma situação, descobrimos que a mudança é realmente melhor do que aquilo que foi originalmente planejado. Às vezes, a forma como tentamos controlar nossas experiências não é a melhor para nós. Usar essa atitude e afirmação agora funciona todas as vezes para mim. Eu me afasto do problema e afirmo a verdade sobre mim mesma e a minha vida. Eu me livro de minha "mente preocupada", para que o Universo possa encontrar uma solução. Tenho usado isso no trânsito, nos aeroportos, com os relacionamentos, com os problemas de saúde e com assuntos relacionados ao trabalho. Trata-se de aprender a fluir com a vida em vez de lutar contra todas as mudanças de planos. Permita que essa seja sua "nova" reação aos problemas, assim eles irão desaparecer.

O aprendizado e o crescimento fazem parte da evolução de nossa alma. Sempre que aprendemos algo novo, aprofundamos nosso entendimento da Vida. Há muitas coisas que ainda não aprendemos sobre a Vida. Ainda temos 90% de nosso próprio cérebro para explorar e utilizar. Acredito que este é o momento mais empolgante para se estar viva. Eu agradeço à Vida todas as manhãs quando acordo pelo privilégio de estar aqui e experimentar tudo o que existe. Faz parte dos meus cinco ou dez minutos de gratidão começar agradecendo à minha cama por uma boa noite de sono. Eu expresso gratidão pelo meu corpo, minha casa, meus animais, meus amigos, pelas coisas materiais que possuo e por todas as experiências maravilhosas que sei que vou ter durante meu dia. Sempre encerro pedindo para a Vida me dar mais entendimento para que eu possa aumentar meu conhecimento, a fim de enxergar continuamente as coisas de um ponto de vista mais amplo. Porque, quando enxergamos e conhecemos mais, a Vida se torna mais simples. Eu confio que meu futuro será bom.

Lembre-se: as afirmações são declarações positivas que conscientemente reprogramam a nossa mente para aceitar novas maneiras de viver. Selecione afirmações que possam fortalecê-la como mulher. Todos os dias repita pelo menos algumas destas afirmações:

Afirmações para as Mulheres

Eu reivindico o meu poder feminino agora.
Eu estou descobrindo como sou maravilhosa.
Eu vejo dentro de mim um ser magnífico.
Eu sou inteligente e bonita.
Eu amo o que vejo em mim.
Eu escolho me amar e me apreciar.
Eu pertenço a mim mesma.
Eu estou no controle de minha vida.
Eu amplio as minhas capacidades.
Eu sou livre para ser tudo o que posso ser.
Eu tenho uma vida maravilhosa.
Minha vida é cheia de amor.
O amor na minha vida começa comigo mesma.
Eu tenho domínio sobre a minha vida.
Eu sou uma mulher poderosa.
Eu mereço amor e respeito.

*Eu não me submeto a ninguém; eu sou livre.
Eu estou disposta a aprender novas
maneiras de viver.
Eu caminho com minhas próprias pernas.
Eu aceito e utilizo meu próprio poder.
Eu me sinto em paz em estar solteira.
Eu fico feliz e aproveito onde estou.
Eu me amo e me aprecio.
Eu amo, apoio e aprecio as mulheres
em minha vida.
Eu me sinto profundamente realizada pela vida.
Eu exploro todos os diversos caminhos do amor.
Eu amo ser mulher.
Eu amo estar viva neste exato momento
e espaço.
Eu preencho a minha vida com amor.
Eu aceito este tempo sozinha como um presente.
Eu me sinto totalmente plena e realizada.
Eu forneço a mim mesma as coisas de
que necessito.
Eu me sinto segura evoluindo.
Eu estou segura, e tudo está bem em meu
mundo.*

Meditação para a Cura

Eu quero enxergar minha magnificência. Agora escolhi eliminar da minha mente e da minha vida todas as ideias e pensamentos negativos, destrutivos e atemorizadores que me impediam *de ser a mulher maravilhosa que devo ser. Agora caminho com minhas próprias pernas e me apoio e penso por mim mesma. Forneço a mim as coisas de que necessito. Eu me sinto segura evoluindo. Quanto mais eu me realizo, mais as pessoas me amam. Eu me uno à categoria de mulheres que curam outras mulheres. Eu sou uma bênção ao planeta. Meu futuro é belo e iluminado.*

Que assim seja!

Lembre-se: uma pequena mudança positiva em seu pensamento pode começar a solucionar um grande problema. Quando você faz as perguntas certas sobre a Vida, ela as responderá.

Existem muitas maneiras de fazermos mudanças. Podemos começar observando honestamente nossas falhas – NÃO enxergando o que está ERRADO conosco, mas sim observando as barreiras que construímos que nos impedem de ser tudo o que podemos ser. E, sem autopunição, devemos eliminar essas barreiras e fazer mudanças. Sim, muitas dessas barreiras são coisas que aprendemos na infância. Elas nunca foram verdadeiras para nós. Apenas acabamos por aceitar o sistema de crenças de outra pessoa. Se uma vez aprendemos a ter esses pensamentos, agora podemos desaprendê-los. Nós reconhecemos que queremos aprender a nos amar. Portanto, devemos desenvolver algumas diretrizes:

1. PARE COM TODAS AS CRÍTICAS.
Essa é uma ação inútil; ela nunca traz nada de positivo. Não se critique; livre-se desse fardo. Não critique os outros também, pois os defeitos que geralmente encontramos nos outros são apenas projeções das coisas que não gostamos em nós mesmas. Ter pensamentos negativos sobre outra pessoa é uma das grandes causas de limitação em nossa própria vida. Apenas *nós* nos julgamos, e não a Vida, Deus ou o Universo.
Eu me amo e me aprovo.

2. NÃO COLOQUE MEDO EM SI MESMA.
Todas nós queremos parar com isso. Nós nos aterrorizamos com nosso próprio pensamento com muita frequência. Podemos ter apenas um pensamento de cada vez. Vamos aprender a pensar afirmações positivas. Dessa forma, nosso pensamento mudará as nossas vidas para melhor. Se você se pegar colocando medo em si mesma, diga imediatamente:
Eu me liberto da necessidade de colocar medo em mim mesma. Eu sou uma expressão divina e maravilhosa da vida, e vou viver de forma plena deste momento em diante.

3. COMPROMETA-SE COM O RELACIONAMENTO QUE VOCÊ TEM CONSIGO MESMA.
Nós nos comprometemos tanto com outros relacionamentos, mas meio que acabamos nos descartando. Só às vezes temos tempo para ficar conosco. Por isso, preocupe-se de verdade com quem você é. Esteja

comprometida com o ato de se amar. Cuide de seu coração e de sua alma.
Eu sou minha pessoa favorita.
4. TRATE-SE COMO UMA PESSOA AMADA.
Respeite-se e goste de si mesma. Quando você se ama, fica mais aberta a receber o amor dos outros. A Lei do Amor requer que você foque sua atenção no que você *quer* em vez de se focar no que *não quer*. Foque em *se* amar.
Eu me amo completamente neste momento.
5. CUIDE DO SEU CORPO.
O seu corpo é um templo precioso. Se você quer viver uma vida longa e realizadora, precisa se cuidar agora mesmo. É preciso estar bem e, acima de tudo, se sentir bem com muita energia. A nutrição e os exercícios são importantes. É preciso manter o corpo flexível e se movimentar com facilidade até o seu último dia no planeta.
Eu sou saudável, feliz e completa.
6. EDUQUE-SE.
Muitas vezes reclamamos de não sabermos sobre isso ou aquilo, e ficamos sem saber o que fazer. Mas somos brilhantes e inteligentes, e podemos aprender. Existem livros, aulas e áudios em todos os lugares. Se o dinheiro for uma preocupação, então recorra a uma biblioteca. Procure um grupo de autoajuda – eles são fáceis de encontrar. Eu sei que estarei aprendendo até o último dia da minha vida.
Eu sempre estou aprendendo e crescendo.

7. CONSTRUA UM FUTURO FINANCEIRO PARA SI MESMA.

Toda mulher tem direito a ter dinheiro para uso próprio. Essa é uma crença significativa que temos de aceitar. É parte de nossa autovalorização. Nós sempre podemos começar de um nível pequeno. O importante é continuar economizando. É bom usar afirmações neste caso.

Eu estou constantemente aumentando minha renda.

Eu sou bem-sucedida em todos os lugares para onde vou.

8. COLOQUE EM PRÁTICA O SEU LADO CRIATIVO.

A criatividade pode ser qualquer atividade que a realize. Pode ser qualquer coisa, desde preparar uma torta até fazer o projeto de uma construção. Permita-se reservar um tempo para expressar-se. Se você tem filhos e o tempo está curto, encontre uma amiga que possa ajudá-la a cuidar de seus filhos, e vice-versa. Vocês duas merecem um tempo para si mesmas. Vocês são dignas disso. Afirme:

Eu sempre consigo um tempo para ser criativa.

9. FAÇA COM QUE A ALEGRIA E A FELICIDADE SEJAM O CENTRO DE SEU MUNDO.

A alegria e a felicidade estão sempre dentro de você. Certifique-se de estar conectada com esse lugar em seu interior. Construa sua vida em volta dessa alegria. Quando estamos felizes, conseguimos ser cria-

tivas, não nos preocupamos com as coisas pequenas e ficamos abertas a novas ideias. Uma boa afirmação para se usar com frequência é:
Eu estou cheia de alegria e expresso felicidade.

10. TENHA INTEGRIDADE: MANTENHA A SUA PALAVRA.

Para se honrar e se respeitar, você tem de ter integridade. Aprenda a manter sua palavra. Não faça uma promessa que não possa manter – mesmo para si. Não prometa para si mesma que irá começar a fazer dieta amanhã ou se exercitar todos os dias *ao menos que* saiba que irá cumprir isso. É preciso poder confiar em si mesma.

11. DESENVOLVA UMA FORTE CONEXÃO ESPIRITUAL COM A VIDA.

Essa conexão pode ou não ter alguma relação com a religião na qual nos criamos. Quando crianças, não temos escolha. Agora, como adultos, podemos escolher nosso caminho e nossas crenças espirituais. A solidão é um dos momentos especiais na vida de alguém. O seu relacionamento com seu eu interior é o mais importante. Permita-se ter momentos em silêncio e conecte-se com seu guia interior.

Minhas crenças espirituais me apoiam e me ajudam a ser tudo o que eu posso ser.

Temos de pegar essas ideias e reafirmá-las – até que elas estejam firmes em nossa consciência e que façam parte de nossas vidas!

Capítulo IV

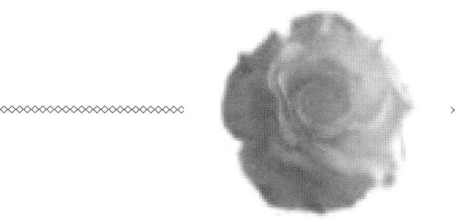

Seu Relacionamento com... Você Mesma

Nesta parte do livro, em vez de focar em como você pode ser mais realizada em seus relacionamentos atuais ou em como achar o parceiro perfeito (assuntos sobre os quais existem muitos livros já escritos), gostaria de concentrar no relacionamento mais importante em sua vida – o relacionamento que você tem *consigo mesma*.

Muitas mulheres ficam preocupadas com a pergunta: "Como posso ser feliz sem um parceiro?". Este pode ser um conceito assustador para muitas mulheres. Nós precisamos nos tornar conscientes de nossos medos e superá-los. Faça uma lista de todos os seus medos (DO QUE EU TENHO MEDO...), analise-os atentamente e depois comece a dissolvê-los. Você não precisa lutar contra eles, pois isso lhes fornece muito poder. Medite sobre cada medo e depois os jogue em água corrente para literalmente dissolvê-los e fazer com que eles desapareçam água abaixo. Depois, transforme cada um desses medos em afirmações positivas. "Eu tenho medo de que ninguém me ame" pode se tornar "Eu sou alguém, e me amo profunda e verdadeiramente". Se não pudermos nos dar o amor que dizemos querer, nunca iremos encontrá-lo no mundo exterior. Não perca tempo desejando algo que você não tenha em sua vida neste momento. Comece a ser carinhosa e amável com *você*. Permita que seu corpo e seu coração experimentem como é o amor. Trate-se da forma como você quer que um amante a trate.

Quase todas as mulheres vivem sozinhas em algum momento de suas vidas – seja quando são jovens e solteiras, divorciadas ou viúvas. Eu acredito que TODAS as mulheres, mesmo aquelas que estejam em relacionamentos maravilhosos atualmente, precisam se questionar: "Eu estou preparada para viver sozinha?". Depender totalmente de outra pessoa para cuidar de nós é não estar em contato com nossa fonte interior. Mesmo quando estamos em um relacionamento, todas nós precisamos de um tempo sozinhas – um tempo para descobrirmos quem somos e um tempo para pensar sobre nossos objetivos e as mudanças que gostaríamos de fazer para nós mesmas. Nosso tempo sozinhas pode ser tão recompensador quanto o tempo que passamos com outra pessoa – especialmente se fizermos de nossos pensamentos nossos melhores amigos.

Atualmente, uma mulher solteira tem o mundo inteiro diante de si. Ela pode se elevar tão alto quanto suas capacidades e sua crença em si mesma. Ela pode viajar, escolher seus empregos, ganhar um bom dinheiro, ter muitos amigos e desenvolver uma autoestima excelente. Ela pode até ter parceiros sexuais e relacionamentos amorosos se os quiser. Atualmente, uma mulher pode escolher ter um bebê sem ter um marido e ainda ser aceita socialmente, assim como muitas atrizes conhecidas e outras figuras públicas estão fazendo. As mulheres da atualidade podem criar seu próprio estilo de vida.

Muitas mulheres de todo o mundo podem nunca ter um relacionamento duradouro com um homem. Elas podem ser solteiras para o resto da vida. No momento, nos Estados Unidos existem aproximadamente 122 milhões de homens e 129 milhões de mulheres. Essa diferença é maior ainda em alguns outros países, incluindo a França. O solteirismo está crescendo como nunca antes. Não devemos ver essa estatística como uma tragédia. Devemos vê-la como uma oportunidade para a evolução das mulheres. Você sabe como geralmente é em sua própria vida – quando não faz as mudanças que precisa fazer, a vida geralmente dá uma mão e força você a fazer a mudança. Por exemplo, você não deixa o emprego que detesta, e acaba por ser DEMITIDA. A vida lhe oferece a oportunidade que você não tomaria sozinha. As mulheres não têm feito as mudanças positivas na consciência necessárias para se realizar e se fortalecer, e agora a vida as está ajudando.

TODAS NÓS TEMOS AMOR POR DENTRO

É triste que tantas mulheres continuem a chorar e se lamentar quando não têm um homem ao seu lado. Nós não devemos nos sentir incompletas se não estivermos casadas ou em um relacionamento. Quando "buscamos o amor", estamos dizendo que não o temos. Mas todas temos amor por dentro. Ninguém pode nos dar o amor que podemos dar a nós mesmas. Uma vez que nos dermos amor, ninguém pode retirá-lo de nós. Temos que parar de "buscar o amor em todos os lugares errados". Ficar viciada em procurar um parceiro é tão prejudicial quanto permanecer em um relacionamento viciante ou disfuncional. Se ficarmos viciadas em procurar um parceiro, esse vício apenas refletirá nossos sentimentos de carência. Isso é tão prejudicial quanto qualquer outro vício. É outra maneira de se perguntar: "O que há de errado comigo?".

Existe muito medo em torno de "estar viciada em procurar um parceiro" – e muitos sentimentos de "não ser boa o suficiente". Colocamos tanta pressão em nós mesmas para encontrar um parceiro, que muitas mulheres acabam concordando com relacionamentos infelizes ou até mesmo abusivos. Nós não temos que fazer isso conosco. Não é um ato de amor-próprio.

Não precisamos criar dor e sofrimento para nós mesmas, nem precisamos nos sentir extremamente sozinhas e infelizes. Essas são todas escolhas, e podemos fazer "novas escolhas" que nos apoiem e nos realizem, embora seja verdade que fomos programadas a aceitar escolhas limitadas. Mas isso era no passado. Precisamos lembrar que este é um novo tempo, e o poder está sempre no momento presente. As coisas em que acreditamos e que aceitamos hoje criarão o nosso futuro. Podemos mudar nossas crenças e pensamentos. Podemos começar agora mesmo, neste momento, a criar novos horizontes para nós. Devemos ser capazes de enxergar o nosso tempo sozinhas como um presente!

Às vezes é melhor ficarmos sozinhas. Cada vez mais mulheres que tiveram seus casamentos encerrados (seja por divórcio ou porque ficaram viúvas), e que conseguem se sustentar, estão optando por não se casar novamente. O casamento é um costume que beneficia principalmente os homens. O casamento é visto como submissão e perda de independência. Nós mulheres fomos ensinadas a nos negar pelo bem do casamento, e os homens acreditam que o casamento existe para apoiá-los. Em vez de perder sua independência, muitas mulheres estão optando por permanecer solteiras. Ser obediente ao um homem não é mais interessante para elas.

Existe um provérbio antigo que diz: "As mulheres sustentam metade do céu". É hora de fazermos disso uma verdade. No entanto, não aprenderemos como fazer isso reclamando, ficando bravas, fazendo-nos de vítimas ou abrindo mão de nosso próprio poder aos homens ou ao sistema. Os homens em nossas vidas são espelhos do que acreditamos sobre nós mesmas. Buscamos com muita frequência que outras pessoas nos façam nos sentir amadas e conectadas, quando tudo o que elas podem fazer é espelhar o nosso relacionamento com nós mesmas. Para podermos avançar, realmente precisamos melhorar o relacionamento que temos com nós mesmas. Gostaria de concentrar a maior parte do meu trabalho em ajudar as mulheres a "aceitar e utilizar" seu próprio poder das maneiras mais positivas.

Todas nós precisamos ter muito claro que o amor em nossas vidas começa conosco. Muitas vezes procuramos o "homem certo" para resolver todos os nossos problemas, na forma de nossos pais, nossos namorados, nossos maridos. Agora é a hora de ser a "pessoa certa" para nós mesmas. Se neste momento não tenho o homem certo em minha vida, eu ainda posso ser a pessoa certa para mim mesma. Posso ter controle sobre a minha vida e criar o tipo de vida que quero ter.

Então, se você não estiver em um relacionamento, não pense que está condenada a ficar sozinha. Pense nisso como uma oportunidade para criar uma vida para si mesma, que você nunca sonhou que fosse possível. Quando eu era criança e até mesmo moça, nunca poderia ter imaginado a vida que tenho hoje. Ame-se e permita que a Vida a direcione para onde você deve ir. Todas as barreiras foram rompidas. Podemos voar tão alto quanto quisermos.

Capítulo V

Filhos, Maternidade e Autoestima

"Enquanto tivermos de 'implorar' ao sistema para que ele nos permita controlar nossa fertilidade, seremos escravas. Os meios para isso devem estar em nossas próprias mãos."
– citação do livro *From Housewife to Heretic*,
de Sonja Johnson

Eu gostaria de falar um pouco sobre filhos e maternidade. Sei que tive muitos filhos em minhas diversas vidas. Nesta vida, não tenho. Neste momento, aceito isso como perfeito para mim. O Universo preencheu minha vida com experiências ricas e me tornou mãe substituta de milhões de pessoas.

Por favor, não acredite na crença de que uma mulher sem filhos é incompleta. Isso pode ser verdade para a maioria das mulheres, mas não para todas. A sociedade insiste que todas as mulheres devem ter filhos, o que é uma boa maneira de manter as mulheres em seus lugares. Eu sempre acredito que existe uma razão para tudo. Se você não tem filhos, talvez esteja destinada a fazer outras coisas na vida. Se você deseja ter filhos e realmente sente isso como uma perda, então sofra. Mas depois continue seguindo. Não fique parada no processo de sofrimento para sempre. Afirme para si mesma:

> *"Eu sei que tudo o que acontece na minha vida é para o meu bem maior. Eu me sinto profundamente realizada."*

Existem tantas crianças abandonadas neste mundo. Se realmente queremos satisfazer o instinto maternal, o resgate e a adoção são uma boa alternativa. Nós podemos ser mães de outras mulheres. Podemos colocar uma mulher perdida sob a nossa asa e ajudá-la a voar. Podemos resgatar animais. Tenho quatro cachorros e dois coelhinhos. Todos esses animais foram resgatados de abrigos. Cada um deles veio com sua própria história de abuso. Aprendi que um ano de amor pode fazer maravilhas para todos nós, incluindo os animais. Podemos trabalhar de diversas maneiras para melhorar o mundo.

Uma indústria enorme está crescendo para "vender" fertilidade; já se tornou um negócio de 2 bilhões de dólares, e as clínicas de fertilização geralmente utilizam propaganda agressiva. Quase não existem regulamentações nessa indústria. Você com certeza não quer que a gravidez se torne um exercício de desespero enquanto coloca sua vida em espera. A fertilização *in vitro* tornou-se um novo modismo social, e não é um modismo saudável. Se seu corpo está destinado a ter um bebê, ele terá. Se você não consegue engravidar, existe uma boa razão para isso. Aceite. Há outras coisas para se fazer em sua vida. Você pode receber um chamado que a surpreenderá.

Minha crença pessoal determina que é preciso se manter afastada de tratamentos para fertilidade. Nós ainda não sabemos o suficiente sobre esses tratamentos experimentais. Os médicos estão fazendo experimentos com o corpo das mulheres e com os fetos. Os tratamentos para fertilidade são caros, e acredito que sejam perigosos. Estamos começando agora a ler sobre alguns dos horrores associados a esses tratamentos. Uma mulher que se submeteu a 40 tratamentos, gastando muito, não ficou grávida, mas acabou contraindo aids.* Um dos muitos doadores que ela utilizou tinha aids. Tenho lido sobre casais que hipotecam suas casas para pagar por um tratamento e mesmo assim não obtêm sucesso. Tenha muito cuidado antes de começar a fazer tratamentos para fertilidade. Leia tudo o que puder encontrar sobre o assunto, não apenas o que é distribuído pela clínica de fertilização. Informe-se e esteja consciente.

---

*Eu sempre escrevo aids com letras minúsculas para diminuir a importância da doença.

O tema do aborto não é simples em nossa cultura, pois temos muitas crenças fortes em torno desse assunto. Não é como na China, onde as mulheres são forçadas a fazer o aborto para manter o índice da população mais baixo. Nós fizemos do aborto um assunto moral e até mesmo político; os chineses fizeram disso uma necessidade. Os grupos contra o aborto estão na verdade dizendo que as mulheres precisam ser mantidas em seus lugares. Devemos procriar e servir às nossas famílias. Nossa capacidade reprodutiva está inclusive sendo tratada como um assunto político. A decisão sobre fazer um aborto é sempre difícil. Embora fosse melhor não ter de fazê-lo, eu nunca condenaria uma mulher que se encontra em uma situação desesperadora e opta pela decisão de abortar.

Ouvi falar sobre curandeiras indígenas ao norte de Baja California, México, que dizem existir ervas para evitar a gravidez. Elas são administradas duas vezes e permitem o controle total da gravidez por oito anos sem efeitos colaterais. Eu sempre soube que a Natureza tem um remédio para tudo, e só é preciso querer aprender seus segredos. Aqueles de nós que são mais "civilizados", sofisticados e mais distantes da natureza recorrem a substâncias químicas e cirurgias para buscar suas respostas.

Fico à espera do momento em que teremos aprendido a aceitar ou rejeitar mentalmente a gravidez. Eu sei que essa é uma das coisas que somos capazes de realizar com nossa mente. Nós apenas ainda não aprendemos como fazer isso. Os cientistas afirmam que usamos apenas 10% de nosso cérebro. Tenha certeza que um dia vamos colocar em ação os outros 90%, e assim descobriremos a existência de poderes que não conseguimos nem imaginar neste momento.

FAZENDO COM QUE NOSSOS FILHOS TENHAM AMOR-PRÓPRIO

Existem também muitas mães solteiras lutando para criar seus filhos sozinhas. Essa é uma tarefa muito difícil, e aplaudo cada uma das mulheres que passam por essa experiência. Essas mulheres realmente sabem o significado da palavra "cansada". Com o índice de divórcio da forma como está, uma pergunta que toda mulher recém-casada deve se fazer antes de ter filhos é: "Eu estou disposta a criar meus filhos sozinha e sou capaz disso?". Criar os filhos é bem mais trabalhoso do que muitas mulheres recém-casadas podem imaginar. E criar os filhos sendo mãe solteira é mais cansativo ainda. Como uma sociedade, devemos insistir para que o cuidado adequado às crianças seja disponibilizado a todas as mulheres que trabalham. As mulheres devem ajudar a criar leis que funcionem para elas mesmas e para as crianças.

Na posição de mães, não precisamos ser "Supermulheres", e também não precisamos ser "Mães Perfeitas". Se você deseja aprender novas habilidades, leia alguns dos melhores livros que estão disponíveis sobre como cuidar dos filhos, por exemplo, *O que Você Realmente Quer para Seus Filhos?*, de Wayne

Dyer. Se você for uma mãe amorosa, seus filhos terão grande chance de crescer e se tornar o tipo de pessoa que você gostaria de ter como um amigo. Eles serão pessoas realizadas e bem-sucedidas. A realização traz paz interior. Eu acredito que a melhor coisa que podemos fazer para nossos filhos é aprender a amar a nós mesmas, pois os filhos sempre aprendem com o nosso exemplo. Se você melhorar a sua qualidade de vida, eles também melhorarão a deles. A autoestima que você cria para si mesma trará autoestima para toda a sua família.

Existe também um lado positivo em ser mãe solteira. Agora as mulheres têm a oportunidade de criar os filhos para se tornar os homens que elas dizem querer. As mulheres reclamam tanto sobre o comportamento e as atitudes dos homens, mas são elas que criam os filhos. Se quisermos homens gentis, carinhosos e em contato com o lado feminino deles, somos encarregadas de criá-los dessa forma. O que você quer em um homem, em um marido? Sugiro que escreva essas coisas e tenha muito claro o que realmente deseja. Então ensine seu filho a ser dessa forma. A esposa dele gostará de você por isso, e você e seu filho terão um bom relacionamento para sempre.

Se você for mãe solteira, por favor, não critique seu ex-marido. Isso apenas ensina a seus filhos que o casamento é uma guerra; e, quando eles crescerem, o casamento deles será um campo de batalha. Uma mãe tem mais influência sobre seu filho do que qualquer outra pessoa. Mães, unam-se! Quando as mulheres se juntarem para essa finalidade, poderemos ter o tipo de homens que dizemos querer – em apenas uma geração.

Eu gostaria de ver a autoestima e a autovalorização serem ensinadas em todas as escolas primárias como matéria diária. Se concedermos poder às crianças pequenas, teremos adultos poderosos. De vez em quando recebo cartas de mulheres e homens que dão aulas em escolas, eles me contam sobre os resultados maravilhosos que obtiveram quando ensinaram esses métodos. É ótimo ver o que eles conseguem fazer com as crianças. Geralmente eles só trabalham com elas durante uma série; mas, mesmo assim, podem introduzir algumas ideias positivas em cada criança.

Quando nossas filhas aprenderem a ter poder, elas não se permitirão ser abusadas ou diminuídas de maneira alguma. Além disso, nossos filhos aprenderão a ter respeito por todo mundo, incluindo todas as mulheres na vida deles. Nenhum bebê nasce sendo um abusador, e nenhuma menina nasce como vítima ou com falta de autovalorização. O abuso aos outros e a falta de autoestima são comportamentos *aprendidos*. As crianças aprendem a violência e aprendem a aceitar a condição de vítimas. Se quisermos que os adultos em nossa sociedade se tratem com respeito, então devemos criar nossos filhos para ser gentis e respeitar a si mesmos. Somente dessa maneira os dois sexos se honrarão realmente.

Se você é mãe, tem a oportunidade de ser um exemplo. Você pode ensinar seus filhos a fazer afirmações e a se colocar diante do espelho. As crianças adoram essa prática com o espelho. Façam isso juntos diante de um espelho. Vocês podem fazer afirmações entre si. Ajudem-se a criar experiências positivas. A família que faz afirmações unida tem uma excelente vida. Explique para as crianças o quanto os pensamentos delas são importantes. As crianças irão aprender que são parcialmente responsáveis por suas próprias experiências; elas participam da criação de suas vidas – e isso lhes concede o poder de fazer mudanças.

Os pais têm uma tendência de reprimir muitas emoções. Em cada casamento, geralmente existem alguns problemas não mencionados e não comunicados, os quais ainda não foram resolvidos. Os filhos percebem isso e expressam esses problemas. O que chamamos de terríveis dois anos realmente acontece quando as crianças começam a espelhar os sentimentos reprimidos de seus pais. Os anos da adolescência representam um agravamento desse padrão de comportamento. Os pais tendem a culpar os filhos em vez de resolver seus próprios problemas. Se seu filho está se comportando mal, ele pode estar espelhando quais problemas emocionais reprimidos por você? Quando você se libertar de seu ressentimento e perdoar seus problemas, vai perceber que seus filhos mudarão para melhor milagrosamente.

Na vida, geralmente confundimos o mensageiro com a mensagem e acabamos perdendo a lição. Quando nossos filhos, ou outras pessoas, fazem algo para realmente nos aborrecer, geralmente ficamos bravas e os culpamos. O que não estamos percebendo é que essas pessoas só estão interpretando um papel em nossa peça. Elas estão espelhando algumas crenças, padrões de comportamentos ou problemas reprimidos *dentro* de nós. Elas estão nos mostrando algo que agora temos a oportunidade de liberar. Na próxima vez que você ficar com muita raiva de alguém, tente recuar e se questionar: "Qual é a lição aqui? Como esse incidente me lembra de algo da minha infância? Qual é o padrão de comportamento que estou procurando? Eu estou disposta a perdoar a mim mesma e aqueles envolvidos com o incidente original?".

Nossos filhos e nossos amigos geralmente nos mostram coisas sobre nós que na verdade não queremos enxergar ou com as quais não queremos lidar. Nós realmente adoramos fugir de nossas lições.

CAPÍTULO VI

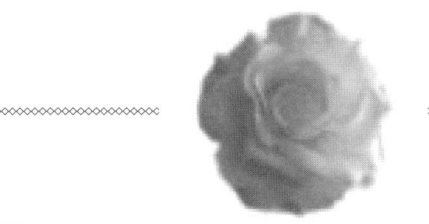

CRIANDO UMA BOA SAÚDE PARA SI

Nós mulheres precisamos nos manter informadas sobre os muitos métodos alternativos de tratamentos para nosso corpo. Não podemos simplesmente confiar nos fabricantes de comprimidos. As propagandas na televisão nunca nos darão a informação de que precisamos. Os remédios de venda livre podem mascarar um sintoma, mas não têm nada a ver com a verdadeira cura. Se nos prendermos aos antigos sistemas de crenças sobre a posição das mulheres e continuarmos a usar os antigos métodos para administrar nossa saúde, ficará difícil termos poder.

É hora de reavermos nosso poder em relação às indústrias médica e farmacêutica. Nós temos sido afetadas pela medicina de alta tecnologia, que é muito cara e muitas vezes destrói nossa saúde. É hora de todas nós aprendermos a ter controle de nosso corpo e criarmos uma boa saúde para nós mesmas – com isso, salvando milhões de vidas e economizando muito dinheiro. Quando realmente entendermos a conexão corpo/mente, a maioria de nossos problemas de saúde irá desaparecer.

As lojas de alimentos saudáveis estão cheias de publicações que lhe ensinam como manter seu corpo saudável. Tudo o que você aprende sobre si mesma e sobre a vida lhe concede poder. Eu realmente recomendo o livro *Corpo de Mulher, Sabedoria de Mulher*, de Christiane Northrup. A dra. Northrup, médica holística renomada, tornou-se minha mentora. Também sugiro que você se torne membro de sua organização, a Health Wisdom for Women Network. Ela tem uma publicação mensal que manterá você informada sobre como curar seus sintomas de forma natural e sobre as últimas novidades a respeito de assuntos relacionados à saúde feminina.

A IMPORTÂNCIA DE NOSSA DIETA

A nutrição desempenha um papel extremamente importante para a nossa saúde e o nosso bem-estar. De muitas maneiras, somos aquilo que comemos. Minha filosofia básica sobre a comida é a seguinte: se o alimento cresce, coma-o; se ele não cresce, não o coma. Frutas, verduras, legumes, nozes e cereais crescem. Bolinhos e Coca-cola não crescem. Acredito que as *fast-foods* estão destruindo a saúde dos americanos. Você sabia que os cinco itens mais vendidos nos supermercados nos Estados Unidos são Coca-Cola, Pepsi, sopa Campbell, queijo processado e cerveja? Esses itens não têm valor nutricional, estão cheios de açúcar e sal, e contribuem para a epidemia de doenças existentes nesse país. Aprenda sobre nutrição. Isso é necessário para sua saúde. Os alimentos processados não são capazes de fornecer saúde, não importa o quão bonita seja a imagem que o fabricante colocou na embalagem do produto.

Nós mulheres vamos viver por muito tempo, então temos muito trabalho para realmente fazer deste planeta um lugar melhor para todas as outras mulheres. Devemos ser fortes, flexíveis e saudáveis para conseguir realizar isso. Quando você vê mulheres mais velhas frágeis, doentes e incapacitadas, muitas vezes está observando toda uma vida de nutrição inadequada, falta de exercícios e um acúmulo de crenças e pensamentos negativos. Não precisa ser assim. Nós mulheres precisamos aprender a cuidar de nossos magníficos corpos para que cheguemos à velhice em uma forma física perfeita. Uma vez fiz exames médicos e o médico me disse que eu estava em excelente condição física para alguém da minha idade. Fiquei incomodada com o fato de ele esperar que uma mulher de 70 anos tenha uma saúde debilitada!

As células em seu corpo estão vivas e, por isso, precisam de alimentos vivos para crescer e se reproduzir. Alimentos frescos são essenciais para nossas dietas. A vida já nos forneceu tudo de que precisamos para nos alimentar e nos manter saudáveis. Quanto mais alimentos simples comermos, mais saudáveis seremos. Precisamos prestar atenção ao que colocamos em nosso corpo! Porque, se não fizermos isso, quem fará? Nós prevenimos doenças vivendo de forma consciente. Se você sentir sono uma hora após o almoço é porque algo que você comeu criou uma reação alérgica. Preste atenção ao que você come. Procure alimentos que lhe forneçam boa energia.

Coma frutas, verduras e legumes cultivados de forma orgânica o tanto quanto possível. Eu aprendi como boletim informativo mensal *Self-Healing*, do dr. Andrew Weil, que as frutas, as verduras e os legumes vendidos nos supermercados americanos que contêm mais pesticidas são (em ordem): morangos, pimentões, espinafres, cerejas cultivadas nos Estados Unidos, pêssegos, melões cultivados no México, aipos, maçãs, damascos, ervilhas, uvas chilenas e pepinos.

Não dê atenção às indústrias de carnes e laticínios. Elas não se preocupam com sua saúde: estão somente interessadas nos lucros. Comer muita carne vermelha e laticínios não é bom para o corpo das mulheres. Simplesmente eliminando esses alimentos de nossa dieta, podemos muitas vezes acabar com os problemas da tensão pré-menstrual e ajudar a aliviar os sintomas da menopausa. A cafeína e o açúcar são os outros dois vilões que contribuem para a maioria dos problemas que as mulheres têm com sua saúde.

Aprenda a comer de forma saudável. O seu corpo irá retribuir fornecendo-lhe energia renovada. Reivindique seu poder. Aprenda sobre seu corpo. Se você comer de forma saudável, não precisará mais fazer dieta.

OS BENEFÍCIOS DOS EXERCÍCIOS

Uma ótima maneira de aumentar nosso bem-estar é praticando exercícios, pois estes são essenciais para nossa saúde. Se não nos exercitamos, nossos ossos enfraquecem; eles precisam de exercícios para ficar fortes. Estamos vivendo cada vez mais e queremos ser capazes de correr, pular, dançar e nos mover com facilidade até o nosso último dia. Encontre alguma atividade que goste de fazer e pratique-a. Tudo o que você faz para si mesma é ou um ato de amor-próprio ou um ato de ódio-próprio. Praticar exercícios é ter amor-próprio, e se amar é a chave para o sucesso em todos os aspectos de sua vida.

Um ótimo exercício de "um minuto" é pular cem vezes. É rápido, fácil e faz você se sentir bem. Permita-se dançar ao som das músicas. Corra em volta do quarteirão pelo menos uma vez.

Você pode adquirir uma pequena cama elástica e saltar nela, a princípio com cuidado. É um exercício muito divertido, e cada vez que você salta, isso ajuda a limpar o sistema linfático e a fortalecer o coração e os ossos. O inventor da minicama elástica, aos 80 anos, ainda divulgava as boas notícias sobre os exercícios e o envelhecimento. Nunca aceite a ideia de que você está velha demais para praticar exercícios.

ALGUMAS REFLEXÕES SOBRE O FUMO

Parar de fumar é uma das melhores coisas que você pode fazer para sua saúde. Como fumante, mesmo que você não seja uma das 400 mil pessoas que morrem a cada ano por causa de doenças relacionadas ao cigarro, ainda assim está contribuindo para os seus problemas de saúde. Os cigarros aumentam os riscos de se ter problemas no ovário, câncer no pulmão, doenças cardíacas e osteoporose. O vício e a negação desempenham um papel de muita influência ao londo dos a gravidez se uma mulher insiste em fumar ao londo dos seus nove meses de gestação. Apenas por motivos de vaidade, as mulheres já podem achar uma boa razão para parar de fumar. O fumo dilata os poros, cria linhas de expressão em torno da boca e envelhece a pele prematuramente. Ele também deixa a mulher com cheiro de cinzeiro sujo. Se você decidir parar de fumar, existem muitas ajudas disponíveis. As lojas de comidas saudáveis têm muitos produtos para reequilibrar seu corpo. A acupuntura, a hipnose e a medicina tradicional chinesa ajudam a lidar com os sintomas da abstinência. Em retribuição, seu corpo a amará quando você o respeitar. Remover substâncias nocivas de seu corpo é um ato de amor-próprio.

MENOPAUSA: NORMAL E NATURAL

Acredito que a menopausa seja um processo normal e natural da vida. Não deve ser vista como uma doença. Todo mês, durante a menstruação, o corpo desprende o leito que foi preparado para um bebê que não foi concebido. Nesse período, ele também libera muitas toxinas. Se nos basearmos em uma dieta de *junk-food* ou mesmo na dieta americana padrão de alimentos processados – 20% de açúcares e 37% de gordura –, estaremos formando toxinas o tempo todo, talvez mais do que podemos eliminar.

Se tivermos muitas toxinas em nosso corpo quando estivermos próximas da menopausa, o processo será, então, mais desconfortável. Portanto, quanto melhor você cuidar de seu corpo diariamente, mais fácil será o período da menopausa. Uma menopausa fácil ou difícil depende de como nos sentimos em relação a nós mesmas e de como nos cuidamos desde a puberdade. As mulheres que estão passando por uma menopausa difícil são geralmente pessoas que se alimentaram de forma deficiente por um longo tempo e que também têm imagens mentais fracas de si mesmas.

No início do século XX, a nossa expectativa de vida era de aproximadamente 49 anos. Naquele tempo, a menopausa não era um problema. Quando você chegava à menopausa, já estava próxima de seu fim. Atualmente, nossa expectativa de vida é de aproximadamente 80 anos, e em breve será de 90 anos, então a menopausa é uma questão com a qual temos de lidar. Hoje, mais e mais mulheres estão escolhendo ter um papel mais ativo e responsável no cuidado de sua vida, para crescer mais em harmonia com seu corpo e para permitir que processos de mudança como a menopausa se desenrolem de forma natural para elas, com pouco desconforto ou capacidades diminuídas. As *baby-boomers** estão entrando em uma nova era, a das "meno-boomers". Portanto, é claro que com o envelhecimento das *baby-boomers*, surgiu uma intensa explosão de interesse pela transição da menopausa na vida. Foi estimado que aproximadamente 60 milhões de mulheres americanas entrariam nesse limite hormonal e fisiológico da vida reprodutiva por volta do ano 2000.

As índias norte-americanas tradicionais não passam pela menopausa; elas continuam a menstruar até morrer. O ciclo menstrual era considerado um sinal de saúde pelas índias. Atualmente, as mulheres do norte de Baja California, que estão cerca de cem anos antes de seu tempo, ainda continuam a ter seu ciclo menstrual até na velhice. Elas não entendem o conceito de menopausa. O ciclo menstrual era um período de sabedoria, e o conhecimento das índias era buscado. No passado, era normal para as índias ter filhos por volta de seus 60 anos. Obviamente, isso é cada vez menos

---

* N.E.: *Baby-boomers*: pessoas nascidas entre os anos 1946 e 1964.

comum agora por causa do ritmo acelerado de vida, das dietas deficientes, entre outras coisas, dos tempos modernos. Tenho certeza de que, se estudarmos mais sobre as outras culturas indígenas que existem pelo mundo, descobriremos mais maneiras naturais de tratar o ciclo menstrual normal. Ouvi falar que uma das razões pelas quais as mulheres japonesas não têm ondas de calor é porque elas comem muitos produtos à base de soja.

A terapia estrogênica me assusta. A maioria das informações que temos é proveniente das indústrias farmacêuticas e se dirige à venda de seus produtos químicos. Acredito que este seja um tratamento bom para algumas mulheres. No entanto, não acredito que "a terapia estrogênica em grande escala para as mulheres, da puberdade à morte", como alguns médicos recomendam, seja uma boa ideia. O medicamento Premarin, tão popular atualmente, é produzido com urina de éguas prenhes. Como é possível isso ajudar o corpo de uma mulher? A Natureza, em toda sua sabedoria, criou nosso corpo para funcionar perfeitamente até nosso último dia, para se curar e para viver por muito tempo. Devemos confiar nesse conhecimento, assim como em nossa sabedoria interior, em vez de dar ouvidos a grupos que querem nos fazer acreditar que nosso corpo se deteriorará com doenças após a menopausa.

Eu gostaria de ver estudos feitos com mulheres saudáveis que tivessem acabado de passar pela menopausa sem quaisquer problemas. Quando cheguei à menopausa, tive apenas uma onda de calor. Receitaram-me um remédio homeopático, e isso foi o fim de minha onda de calor.

Estamos aprendendo que a progesterona é geralmente mais benéfica para nós do que o estrogênio. Muitas vezes, quando pensamos estar com deficiência de estrogênio, na verdade estamos com carência de progesterona. A progesterona natural, derivada de inhames silvestres mexicanos, também estimula a formação dos ossos. Ela impulsiona os osteoblastos a formar novos ossos. Lembre-se: ossos são tecidos vivos, e a perda óssea pode ser revertida. A progesterona natural pode ser adquirida em lojas de comidas saudáveis na forma de um creme. Esse creme é aplicado sobre as camadas finas da pele de áreas interiores do corpo, onde ele é bem absorvido. Ele não produz nenhum dos efeitos colaterais do estrogênio sintético. E também é benéfico para aliviar a tensão pré-menstrual e muitos sintomas da menopausa.

Não estou afirmando que não existam algumas mulheres que se beneficiem com a terapia de reposição hormonal (TRH). Entretanto, afirmar, como muitos nos consultórios médicos, que todas as mulheres precisam de terapia de reposição hormonal para menopausa por toda a vida é condenar e depreciar as mulheres de meia-idade. Basicamente, o que estou querendo dizer é que se nos esforçarmos para harmonizar e equilibrar nosso corpo e nossa mente, faremos com que as terapias com remédios potencialmente debilitantes e cheios de efeitos colaterais sejam desnecessárias.

Assim como todas as outras coisas em nossa vida, experimentamos diferentes graus de preparação e disposição. Para muitas de nós, o nível de responsabilidade e comprometimento necessários para colocar nosso corpo e nossa mente em harmonia quando se trata de problemas profundamente arraigados é muito grande. Precisamos da ajuda de médicos ou de outros recursos até nos sentirmos prontas e seguras o suficiente para encarar alguns dos problemas que têm impacto sobre nossa saúde, tais como crenças sobre autovalorização. Uma crença muito comum em nossa sociedade patriarcal é que as mulheres têm pouco ou nenhum valor sem suas capacidades de reprodução. Não é nenhuma surpresa o fato de muitas mulheres temerem a menopausa e resistirem a ela. A terapia estrogênica não cuida desses tipos de problemas. Somente nosso coração e nossa mente podem tratar essas percepções.

Repito: a menopausa não é uma doença. É um processo normal e natural da vida. No entanto, a comercialização da menopausa está se tornando um grande negócio, e quase todas as informações são provenientes das indústrias farmacêuticas. Nós mulheres precisamos nos educar sobre quais são nossas verdadeiras chances. Peço que leia e comente com suas amigas o livro *The Menopause Industry: How the Medical*

Establishment Exploits Women, de Sandra Coney. Esse livro aponta que, até os anos 1960, os médicos não se interessavam muito pela menopausa. Era dito às mulheres que isso era apenas coisa da cabeça delas. E também afirma: "Não existe uma área que demonstre o sexismo arraigado da medicina de forma mais nítida do que a da menopausa. A nova concepção da menopausa como uma doença está nos controlando socialmente. A medicina moderna não faz com que as mulheres sejam mais poderosas e tenham controle sobre suas vidas. Ela faz com que mulheres saudáveis se tornem suas pacientes".

Existem muitas ervas usadas pelos nutricionistas e muitos remédios homeopáticos que ajudam muito quando você está passando por esse período da vida. Existem também substâncias naturais que podem substituir o uso do estrogênio. Converse com seu nutricionista sobre esses assuntos. Lembre-se: as mulheres atuais são pioneiras que estão batalhando para mudar os padrões de crenças antigas e negativas, de forma que nossas filhas e as filhas delas nunca terão de sofrer durante a menopausa. Nós podemos aprender a planejar nossa menopausa da mesma maneira que agora podemos planejar nossas gestações.

Em sua meditação diária, certifique-se de transmitir amor a cada parte de seu corpo, especialmente para toda sua região genital e reprodutiva. Agradeça a esses órgãos por lhe servir tão bem. Diga-lhes que você fará tudo o que puder para mantê-los saudáveis.

Desenvolva uma relação de amor com essa parte de seu corpo. Honrar seu corpo fortalecerá esses órgãos. Pergunte ao seu útero ou aos seus ovários o que eles precisam de você. Juntos, planejem sua menopausa como uma simples transição de tempo – confortável para você e seus órgãos e confortável para suas emoções. O amor cura, e amar seu corpo ajuda a criar um bem-estar.

CIRURGIA PLÁSTICA: FAÇA-A PELAS RAZÕES CERTAS

Não há nada de errado em se submeter a cirurgias plásticas, contanto que as razões para isso sejam válidas. Precisamos ter consciência de que uma cirurgia plástica não irá curar problemas emocionais, não acabará com a autodepreciação nem salvará um casamento. Muitas vezes nos submetemos a cirurgias plásticas porque não nos sentimos boas o suficiente. Nunca nos sentiremos boas o suficiente se apenas fizermos uma cirurgia. A cirurgia não cura crenças. Quando observo a proliferação das propagandas sobre cirurgias plásticas, vejo uma indústria que se alimenta da falta de autovalorização das mulheres.

Eu já vi mulheres que se autodepreciavam muito e fizeram cirurgias plásticas porque acreditavam que estas as deixariam bonitas. Por causa de sua desvalorização, elas escolheram o cirurgião errado, e agora elas têm uma aparência pior do que antes da operação. Eu me lembro de uma garota muito linda que não tinha autovalorização nem amor-próprio. Ela sentia que ficaria bem se seu nariz fosse diferente. Então, insistiu na cirurgia por razões inadequadas, e agora o nariz dela é parecido com o de um porco. O problema dessa garota não tinha nada a ver com o nariz dela.

Você não pode usar a cirurgia plástica para melhorar sua autovalorização. Isso nunca acontecerá. Você pode ter uma melhora temporária. Então, em breve surgirão os antigos sentimentos de desvalorização, e você vai começar a pensar: "Bem, talvez se eu remover essa outra ruga...", e o processo nunca terminará. Outro dia, uma pessoa me contou sobre uma cirurgia de cotovelo para ajudar quando os cotovelos ficam enrugados com o envelhecimento. Eu disse a mim mesma: "Meu Deus! A que ponto podemos chegar? Não seria mais fácil usar roupas com mangas um pouco mais compridas?". Mas, novamente, a mídia nos programou muito. De acordo com os publicitários, todas nós devemos ser adolescentes perfeitas e anoréxicas sem rugas e sem carne. No entanto, não podemos colocar toda a culpa nos publicitários – somos nós que adquirimos os produtos deles. Eu acredito que quando as mulheres desenvolverem autovalorização e autoestima, elas não se importarão com o que dizem as revistas, e então as propagandas serão diferentes.

Não permita que os médicos façam experimentos com seu corpo. Quando usamos métodos não naturais para forçar o corpo a fazer ou ter alguma coisa que em sua sabedoria ele não quer fazer ou ter, estamos procurando problemas. Não brinque com a Mãe Natureza.

Veja todos os problemas que muitas mulheres estão enfrentando por causa dos implantes de silicone nos seios. Se seus seios são pequenos, orgulhe-se deles. Enviar amor aos seios, combinando com afirmações positivas, já aumentou o tamanho do busto em algumas mulheres. Essa é uma boa maneira de amar seu corpo, seu corpo adora ser amado. Eu também acredito que seu corpo é exatamente da maneira como você escolheu que ele fosse quando decidiu encarnar desta vez. Fique contente com quem você é. Acima de tudo, não altere seu corpo para agradar outra pessoa. Se as pessoas não a amam da forma como você é, elas não irão amá-la mais depois que você sacrificar seu corpo por elas.

Então, se realmente você decidir dar uma retocada, esteja consciente da razão por que está fazendo isso. Deposite muito amor em seu corpo antes, durante e depois da cirurgia. Eu recomendo fazer afirmações como estas:

"Eu tenho um bom cirurgião, que faz um belo trabalho. O procedimento é rápido e fácil, e tudo está correndo perfeitamente. O médico está contente com a rapidez de minha cicatrização. Estou muito feliz com os resultados. Tudo está bem, e estou em segurança".

CÂNCER DE MAMA: O QUE REPRESENTA?

Existe um padrão consistente que tenho observado em quase todas as mulheres que têm câncer de mama. Essas mulheres geralmente têm uma enorme incapacidade de dizer não. As mamas representam nutrição, e as pessoas com câncer de mama parecem nutrir a todos em seu mundo, exceto a si mesmas. Elas acham muito difícil dizer não. Geralmente foram criadas por pais que usavam a culpa e a manipulação para disciplinar. Agora, elas são adultas que tentam agradar os outros e vivem cercadas de pessoas que estão constantemente solicitando que elas façam mais do que podem efetivamente fazer. Essas mulheres continuam fazendo esforços para os outros e dizendo sim a solicitações que elas não querem cumprir. Elas se doam cada vez mais, até ficar sem nada para nutri-las.

Aprender a dizer não pode ser bem difícil no começo, porque as pessoas à sua volta que interagem com você se tornaram acostumadas a ouvir você dizer sim. E a primeira vez que você diz não, elas ficam bravas. Você pode esperar essa reação. Qualquer um que esteja aprendendo a dizer não tem de aguentar essa raiva por um tempo. A primeira vez que você diz não é a mais difícil. Quando você aprende a dizer não, é muito importante que não dê desculpas, porque, no momento em que fizer isso, a outra pessoa vai sair ganhando. Ela sempre poderá persuadi-la. Apenas diga um simples não. "Não, eu não posso fazer isso", "Não mais", "Não, eu não faço mais isso". Qualquer frase curta que transmita uma mensagem de "não" definitiva dará conta do recado. A outra pessoa obviamente ficará com raiva, e então você tem de saber que a raiva dela não tem nada a ver com você. Tem a ver com ela. Apenas se lembre de dizer a si mesma: "QUANDO EU DIGO NÃO A VOCÊ, ESTOU DIZENDO SIM PARA MIM". Repita essa poderosa afirmação para si mesma, e ela fará com que você se sinta bem. Quando você já tiver dito não três vezes à outra pessoa, ela irá parar de pedir coisas a você, pois perceberá que você se tornou uma pessoa diferente. Você estará vindo de um lugar diferente em seu interior.

Pode ser muito difícil para pessoas que tentam agradar aos outros dizer o primeiro não. Eu me lembro de como suei na primeira vez em que me impus. Pensei que meu mundo acabaria e que eu não fosse conseguir. Meu mundo não acabou; ele mudou, e tive mais autorrespeito. Portanto, entenda que isso é apenas um processo pelo qual você tem de passar. As outras pessoas ficam com raiva porque você não está cedendo, ou cedendo demais, e elas até mesmo podem chamá-la de egoísta. Mas o que elas realmente estão dizendo é que você não está fazendo o que *elas* queriam que fizesse. É esse o significado. Lembre-se que, quando você diz não a elas, está dizendo sim para si mesma. Ao mesmo tempo, você está se desfazendo de seu ressentimento interior.

Eu conheço uma pessoa que recentemente deixou o marido por um tempo; pode não ser uma situação permanente. Agora o marido dela não tem ninguém para culpar pelas coisas erradas que acontecem. Não pode ser culpa da esposa dele – ela nem mesmo está lá.

Ele está aprendendo a ver a vida de forma diferente. Os dois filhos adultos dela agora a respeitam porque ela se impôs, e ela está fazendo o que quer fazer para mudar. É muito interessante observar a mudança em toda a família. Foi difícil para ela dar esse passo, mas ela conseguiu, e a vida inteira dela deu uma reviravolta. Chega um momento na vida de toda mulher em que ela precisa se questionar: "O que é o melhor para *mim*?". Essa pode ser uma nova pergunta que as mulheres devem se fazer. Ann Landers diz para as mulheres que estão passando por uma separação ou um divórcio se perguntarem: "Eu me sentiria melhor se partisse ou se ficasse?".

PRECISAMOS CUIDAR DO NOSSO CORAÇÃO

Enquanto 4% das mulheres não conseguem vencer a luta contra o câncer de mama, 36% das mulheres morrem de doença cardíaca. Ouvimos falar muito sobre os perigos do câncer de mama, mas pouco sobre as mulheres e os riscos de doença cardíaca, mesmo a doença cardíaca sendo uma das principais causas de morte nas mulheres. As mulheres também são mais propensas a morrer de complicações em razão da cirurgia de revascularização miocárdica do que os homens.

Cuidar do nosso coração é muito importante para as mulheres. Uma dieta rica em gorduras não é boa para nenhuma de nós. No aspecto físico, uma dieta rica em gorduras, falta de exercícios e o hábito de fumar contribuem para uma doença cardiovascular. Nós podemos fazer algo em relação a isso. O nosso coração nunca nos ataca; nós atacamos nosso coração.

No aspecto emocional, o coração, e o sangue que ele bombeia, representa amor e alegria e nossas conexões primordiais com nossa família. As mulheres com problemas cardíacos geralmente têm questões familiares não resolvidas que retiram o amor e a alegria de suas vidas. Essas questões podem manter o amor e a alegria afastados de suas vidas porque elas têm medo de deixar o amor entrar. Fechar nosso coração para o amor simboliza muito impedir o fluxo de vida nele.

A causa emocional para muitas doenças se remete ao tema do perdão. A lição espiritual do perdão é difícil para todos nós. Entretanto, todo mundo precisa aprendê-la se quiser ter uma verdadeira cura. Cada uma de nós passa por traição, perda ou abuso de alguma forma. Perdoar a experiência e aqueles envolvidos nela é parte da maturidade espiritual. Ela já passou, já está tudo feito, e nada pode ser mudado. Não se preocupar mais com isso nos liberta da escravidão ao passado. É o ato de se livrar do passado que nos liberta para viver o agora. Não podemos ser felizes e saudáveis, prósperas e livres, enquanto estivermos presas ao passado e não o perdoarmos. Esses são os maiores problemas que todos nós temos, e nossa maior lição espiritual é perdoar, amarmo-nos e viver o agora. Isso cura o coração.

Uma vez ao dia, sente-se em silêncio e coloque suas mãos em seu coração. Transmita-lhe amor e permita-se sentir o amor que seu coração tem por você. Ele tem batido por você mesmo antes de seu nascimento e continuará em atividade até onde você escolher viver. Olhe para seu coração e veja se ainda resta alguma amargura ou ressentimento nele. Remova-os delicadamente com perdão e compreensão. Se você puder ter uma visão mais ampla, entenderá as lições. Transmita amor a cada membro da sua família e perdoe-os. Sinta seu coração relaxando e ficando em paz. O seu coração é amor, e o sangue em suas veias é alegria. Agora seu coração está bombeando alegria amorosamente pelo seu corpo. Tudo está bem, e você está em segurança.

CAPÍTULO VII

Explorando a Sexualidade

Eu gostaria de discutir brevemente algumas de minhas ideias sobre a sexualidade, embora elas possam não ser populares, e algumas das mudanças que estão acontecendo. Nós também podemos precisar ajustar nosso pensamento sobre esse assunto. Nós, como uma sociedade, temos muitas crenças condenatórias sobre nossa sexualidade. Lembre-se: não importa qual seja sua orientação sexual, ela é perfeita para você. Quando nos referimos a relacionamentos, isso se aplica a todos nós, não importa se seu relacionamento seja heterossexual ou homossexual. Até a ciência está atualmente reconhecendo que a orientação sexual é algo com o qual já nascemos e não algo que escolhemos. Se você é heterossexual, imagine como se sentiria caso lhe dissessem que você deveria se tornar lésbica. Isso seria quase impossível. É o mesmo que acontece quando você pede que uma lésbica se torne heterossexual. Sinto que devemos nos desculpar com nossas irmãs lésbicas pelas maneiras terríveis com as quais nós já as denunciamos. Isso é discriminação social em seu pior nível. Nós não devemos nos depreciar nem depreciar qualquer outra pessoa por algo tão simples e natural quanto a sexualidade. Esse preconceito social específico nos impede de participar de uma visão mais ampla da Vida. Ame-se da forma como você é. Deus nunca cometeu um erro.

Atualmente, estamos descobrindo que muitas mulheres mais velhas, que nunca tinham pensado em fazer isso no passado, estão agora começando a explorar um estilo de vida homossexual e recorrendo a outras mulheres para manter relacionamentos íntimos. Com a escassez de homens nessa faixa etária, isso faz total sentido. Por que escolheríamos ficar sozinhas se o amor está esperando por nós? A intimidade com outra mulher pode revelar profundidades que as mulheres nunca experimentaram antes. Nos relacionamentos, as mulheres podem ser mais carinhosas e afetuosas do que muitos homens se permitem ser. Além disso, as outras mulheres geralmente aceitam e compreendem mais as mudanças físicas que acontecem conforme envelhecemos.

Muitas de vocês podem não ter ciência de que na era vitoriana a prevalência de mundos separados (nos negócios, na política, na criação dos filhos, etc.) para homens e mulheres fez com que as relações homem-mulher ficassem extremamente estremecidas, então era comum as mulheres recorrerem a outras mulheres para seus relacionamentos mais íntimos. Um diário de uma mulher poderia conter várias páginas sobre uma amiga e depois afirmar brevemente: "Eu aceitei o pedido de casamento feito pelo senhor S. na noite passada". Amizades românticas também eram comuns entre rapazes da classe média. Ninguém considerava tais relacionamentos como um sinal de homossexualidade. Na verdade, esse termo só foi inventado no fim do século XIX. Essa também foi uma época em que a prostituição estava em seu auge: a cidade de Nova York tinha uma prostituta para cada 64 homens, e Savannah, Geórgia, tinha uma proporção de uma prostituta para cada 39 homens.

Então, minha opinião é: o amor está onde nós o encontramos. Os costumes no amor variam de país a país, de século a século. Nós temos algumas supostas normas no momento, mas elas também irão mudar com o tempo. Perceba que temos opções na sexualidade se escolhermos admiti-las. Se tivermos um coração amoroso e quisermos o melhor para todos à nossa volta, seremos livres para fazer nossas próprias escolhas. Algumas de nós escolherão até mesmo ser assexuadas, e isso também é válido. Vamos acabar com os julgamentos e desfrutar do amor quando o encontrarmos. Quando damos e recebemos amor, estamos alimentando nossa alma e emanando boas energias.

CAPÍTULO VIII

Abuso Sexual e Denúncia

Quantas vezes você foi desonrada ou agredida sexualmente e *não disse nada*? Quantas vezes você se culpou quando um homem ultrapassou os limites? "Ah, talvez tenha sido culpa minha. Talvez eu tenha apenas imaginado isso. Ah, bem, isso faz parte. Isso não foi tão ruim quanto algumas coisas com as quais já me deparei."

Não existe uma mulher entre as que estão lendo este livro que não tenha sido assediada verbalmente, ou agarrada à força, ou apertada, ou acariciada por alguém que não tinha nada que tocá-la. Ainda assim, a maioria de nós ainda fica em silêncio; não dizemos nada. É hora de aprendermos a denunciar e nos impor. Se não fizermos isso, nunca conseguiremos acabar com essa loucura.

Eu já tive um incidente em minha própria casa envolvendo um casal que trabalhava para mim – um casal incrível de ingleses que cuidou bem de mim, de minha casa e de meus animais por quase quatro anos. Tudo começou muito bem, mas, com o tempo, pequenas coisas ocorreram, especialmente da parte dele. No entanto, eram coisas tão pequenas que, na época, deixei passar. Um grande erro. Ele se tornou cada vez mais preguiçoso e deixava a esposa fazer dois terços do trabalho. Ele começou a esquecer que eu era a patroa e passou a agir como se a casa fosse dele. Ele se tornou muito familiar – como se fosse um de meus amigos. Toda essa lentidão avançou até se transformar em um comportamento inapropriado. Agora vejo que não interpretei os sinais corretamente e não mantive os limites apropriados. Percebo que cheguei a um ponto em que não estava dando importância aos pequenos sentimentos que diziam que algo não estava certo. Eu estava começando a ficar muito cautelosa para não *perturbá-lo* – para *mantê-lo* com um bom humor.

No dia seguinte ao meu aniversário de 70 anos, que foi um evento maravilhoso, descobri que ele estava procurando e agarrando muitas das minhas amigas. Quando conversei com algumas delas, descobri que isso vinha acontecendo por mais de um ano, em várias festividades. *Mas ninguém me contou nada.* Assim que o véu foi retirado, fui inundada por uma enxurrada de informações. Ele tinha assediado muitas das minhas funcionárias, e até mesmo molestado algumas delas. Minha secretária pessoal tinha sido atacada em minha própria casa enquanto eu estava fora da cidade. Fiquei horrorizada. Isso estava acontecendo com as amigas e funcionárias de Louise Hay! Mas por que não me contaram? Elas estavam com medo; estavam com vergonha – cada uma tinha uma razão diferente. Provavelmente você conhece algumas dessas razões, porque já as deve ter usado. Pensei em todas as vezes no passado em que me deparei com várias formas de abuso sexual e como geralmente apenas queria escapar da situação e acabar com isso. Mas quantas vezes eu realmente disse algo ou fiz uma denúncia?

Também vim a descobrir que esse homem abusava da esposa e que ela frequentemente apresentava machucados. Eu pensei: "Veja os segredos que mantemos; veja como deixamos os homens continuarem escapando das consequências de violar nosso espaço e nossa honra". O medo nos leva à submissão em todos os sentidos. Um peso enorme tomou conta do meu coração enquanto escutava esses relatos. E talvez isso fosse apenas a ponta do *iceberg*. A todas as mulheres que compareceram à minha festa de aniversário de 70 anos, peço desculpas por qualquer comportamento inapropriado que possa ter ocorrido.

Uma de minhas amigas muito íntimas, que sempre compartilha várias coisas comigo – e que se considera uma mulher iluminada e com muita autoestima –, nem conseguiu falar nada. Ao lidar com questões de abuso, sua primeira reação foi se manter em silêncio e não causar problemas.

De qualquer forma, como as coisas não iam bem em casa por algum tempo, agora eu tinha de lidar com isso, pois esse homem realmente tinha ido longe demais. Reuni uma equipe de apoio, porque não conseguiria de jeito nenhum confrontar sozinha ele e sua esposa. Ainda assim, se eu não tivesse confiado muito na minha informação, poderia facilmente ter sido levada a acreditar em sua excelente atuação de total negação. Quando ele percebeu que eu não estava acreditando em sua história, tornou-se cruel e maldoso. No entanto, eu não tinha apenas a minha equipe de apoio, também estava com o telefone na minha mão, pensando que o número da polícia era fácil de discar. Eu disse que o queria fora da minha casa e afastado da propriedade na manhã seguinte. Minhas mãos estavam transpirando e tinha um nó no meu estômago – *e* eu tive uma sensação de poder. Para mim, não foi fácil enfrentar um homem de aproximadamente 1,90 metro que estava muito bravo. Embora eu tivesse muita compaixão por sua esposa, também sabia que ela permitia isso, e a única maneira como ela poderia lidar com o fato de ele perseguir outras mulheres era negar totalmente, ou culpar aquelas que ele assediava. Geralmente, quando um marido é um perseguidor de mulheres, um abusador, a esposa irá se manter em negação, culpando as outras mulheres. Então, ambos saíram como se fossem inocentes e as partes prejudicadas. Eles arrumaram as malas e saíram da casa em três horas e meia.

Minha amiga me chamou no dia seguinte, incrédula, dizendo-me que na verdade tinha começado a pensar: "Será que imaginei isso? Será que estava errada? O fato de eu ter denunciado custou o emprego de um homem?". Nós mulheres temos a tendência de *deixar passar*, não temos? Quem somos nós – apenas "garotas", acima de tudo – para dizer alguma coisa? Claro, talvez tenhamos imaginado isso. Geralmente acreditamos na negação feita pelo homem. Nosso espaço e nossa honra são confrontados e mesmo assim é nossa palavra que é duvidosa. As memórias antigas em nossa mente nos levam a posteriormente tirar o poder das mulheres. Muita negação ainda continua. As mulheres são controladas pelo terror há séculos. Nós permitimos que isso acontecesse por muitas vidas por causa do medo, geralmente justificado. No passado, se falássemos alguma coisa, isso poderia custar a nossa vida. Mesmo hoje, no Afeganistão, o governo restabeleceu o apedrejamento por adultério. Mas, claro, isso significa o apedrejamento de mulheres – e nunca de homens.

No momento em que consegui claramente enxergar o que estava acontecendo na minha casa, tomei as providências apropriadas para acabar com essa situação. Eu também liguei para uma boa terapeuta e marquei uma consulta. Apesar de eu já ter feito muita terapia no passado, estava bem consciente de que ainda devia ter uma parte de mim que atraía esse tipo de comportamento – não uma violência contra mim, mas em minha própria casa. Farei o que for necessário para apagar resquícios desse comportamento em mim.

Minha terapeuta me perguntou sobre minha raiva quando criança em relação ao meu padrasto abusivo. "Eu não consigo me lembrar de nenhuma raiva, apenas de medo", eu lhe disse.

Ela perguntou: "Bem, não houve um momento em que você ficou com raiva e respondeu a ele?". Percebi imediatamente que ela nunca tinha sido abusada na infância. Eu apanhava diariamente mesmo sendo a melhor garota que poderia ser; o que raios teria acontecido comigo se eu tivesse sido malcriada o suficiente para responder a ele? Não, não me lembro de sentir raiva; lembro-me apenas de sentir medo e terror.

Quando apanhamos frequentemente até nos tornarmos submissas, perdemos toda a esperança de conseguir mudar as coisas. Então crescemos como mulheres que ainda são governadas pelas reações da menina dentro de nós. Isso pode acontecer nos melhores lares. As meninas são muitas vezes desonradas. Precisamos ensinar às meninas quando elas são muito pequenas – na escola primária ou talvez até mesmo antes – que elas precisam *denunciar* quando alguém abusa delas de alguma maneira. Se quisermos fazer desse mundo um lugar seguro para as mulheres de todos os lugares, devemos mudar nossas reações, mesmo quando parece ser muito difícil. Demitir aquele homem foi minha maneira de me impor para meu padrasto – algo que eu nunca poderia ter feito quando criança.

***

Criei muita harmonia em meu local de trabalho. Todo mundo fala sobre como é ótimo fazer negócios com a Hay House. Tenho funcionários felizes. Um ex-organizador de sindicato me disse uma vez que ele nunca tinha visto uma equipe de estoque que fosse tão feliz. Ainda assim, em minha própria casa, permiti que uma situação abusiva e de perda de poder se desenvolvesse porque não interpretei os sinais e, por uma razão ou outra, não queria causar problemas.

De alguma forma, é uma bênção que essa situação tenha ocorrido, porque agora falarei *por* todas as mulheres e *para* todas as mulheres. Falarei, porque se eu não fizer isso, como posso esperar que as outras mulheres sejam capazes de se expressar? Nós vemos os homens como figuras autoritárias, e nos enxergamos como vítimas. Fomos educadas assim – para pensar que não conseguiríamos vencer, mesmo se tentássemos. Existem muitas formas traiçoeiras de subjugar, desonrar e desautorizar as mulheres. Nós lutamos por nossa autovalorização, mas ainda assim achamos difícil ou impossível denunciar. O treinamento que as mulheres submissas receberam é tão forte que temos de aprender a ficar atentas à mais ligeira invasão de nossos limites. Fomos ensinadas a tirar as cargas dos homens e carregá-las para eles – primeiro com nossos pais, depois com nossos namorados, chefes e maridos. Nós temos feito isso há tanto tempo que achamos que é normal. Precisamos aprender a expor as coisas. É o medo da vergonha e da violência que nos mantém em silêncio. Quantas mulheres vivem na atmosfera de um campo de batalha, e quantas crianças são criadas nesse ambiente? Como as mulheres devem fazer isso parar? Reconhecendo que podemos. Recusando-nos a ficar em silêncio. As mulheres permitiram isso, e elas devem fazer isso parar. Isso não teria continuado por tanto tempo sem a permissão das mulheres, explícita ou implicitamente. Devemos parar de permitir que isso continue.

Se quisermos ficar atentas para dizer não, devemos ter o *hábito* de dizer não. Então poderemos dar uma reviravolta em toda a situação de abuso. Ficar em silêncio é prejudicial para nós como mulheres e para toda nossa sociedade. Já se passaram muitos anos desde o surgimento do movimento de libertação das mulheres, mas esse comportamento – abuso verbal e violação sexual – ainda prevalece muito. Parece ser comum na maioria dos escritórios e ambientes de trabalho. Isso é o que as mulheres têm de enfrentar. Portanto, está na hora de deixarmos de nos permitir ser abusadas por nós mesmas ou pelas pessoas à nossa volta. Vamos contar a verdade, vamos contar os segredos. Se expusermos tudo, acabaremos com esse comportamento. Se os homens não conseguirem escapar das consequências, eles irão parar de fazer isso. Não colabore com os homens – isso desonra a nós mesmas, e desonra *todas* as mulheres. Atualmente, não precisamos mais aceitar abuso de qualquer espécie se nos impusermos e denunciarmos. Cada uma de nós que consegue falar cria espaço para que outras contem a verdade.

Devemos aprender a colocar os limites apropriados que nos honram. Quais são esses limites que nós mulheres precisamos colocar para assegurar que sempre sejamos honradas? Primeiramente, precisamos partir do princípio de que acreditamos que *merecemos* limites. Geralmente não percebemos os sinais de perigo, de que algo não está certo. Então, quando algo acontece, vem como um choque e uma violação. O abuso é um jogo de poder. Ele nos controla e nos manipula. Nós nos mantemos em silêncio porque tememos perder nosso emprego; tememos as repercussões que podem suceder. Nós até mesmo nos mantemos em silêncio quando estamos prestes a fazer amor com um homem que não esteja usando preservativo. Nós *queremos* falar e gritar: "Eu me respeito, e não vou permitir que você me coloque em perigo. Use um preservativo ou então vá embora!". Mas fazemos isso? Não com tanta frequência quanto deveríamos – por causa do medo, da vergonha e do constrangimento.

Quando nos mantemos em silêncio, como o silêncio dos cordeiros, somos levadas ao abatimento. Nós nos tornamos muito constrangidas para falar.

Lembramos das reações que recebemos quando *fizemos* isso. Eles riram de nós; eles pensaram que fosse brincadeira. Fizeram pouco caso de nós ou fizeram nos sentir como se fôssemos *nós* que tivéssemos criado os problemas. Então surgiu a regra de não compartilharmos e não contarmos. Mantenha a paz; não crie problemas. É assim que se permite continuar o abuso.

Nós mulheres devemos equilibrar a balança do poder. Violência e abuso sexual – estes são os dois aspectos em que as mulheres são mais vulneráveis. Devemos aprender a tratar todos os incidentes com uma atitude coerente – sermos muito realistas e eficientes em vez de vulneráveis. Não precisamos ser mulheres raivosas que gritam com todos os homens, mas ser mulheres que tenham amor e compaixão, e que mesmo assim ajam com firmeza de ferro.

Devemos construir nossa autovalorização de tal forma que *diremos* não. Precisamos abrir nossos olhos e nossa intuição para as formas traiçoeiras como as coisas progridem. Conte a história desde o começo. Preste atenção aos pequenos detalhes. Recuse-se a tolerar um mau comportamento. Busque ajuda. Coloque um fim nisso de uma vez. Os homens observam o que podem conseguir, e então forçam as coisas um pouco mais – ou muito mais. Devemos começar a interromper qualquer comportamento abusivo logo no princípio, quando ele ainda é tão sutil que fica até difícil dizer alguma coisa.

Qual é o primeiro sinal de abuso? Chame a atenção do homem imediatamente para isso. Além disso, esteja preparada, pois ele poderá reagir com negação. Os homens têm usado esse artifício para se mascarar há muito tempo. "Quem, eu? Eu nunca faria isso!" Alguns homens são muito rápidos, muito serenos, muito espertos e muito profissionais. Quando as mulheres aceitam suas desculpas, acabam conspirando com os homens. As mulheres permitem isso. Nós nos tornamos parte da força destrutiva da sociedade sempre quando guardamos o segredo. Portanto, realmente precisamos observar os segredos que guardamos. As mulheres têm sido cautelosas, acomodando os abusadores, nutrindo-os. É o momento de começarmos a *nos* nutrir.

Eu não tenho todas as respostas, mas falo demais. Abordarei esse assunto sempre que falar em público. Vou encorajar as mulheres de todos os lugares a se educar sobre essas questões – a denunciar, impor-se e causar problemas se for necessário. Coletivamente, podemos sanar esse problema em uma geração. Podemos salvar nossas filhas do que nós tivemos de enfrentar.

Precisamos começar a ensinar as mulheres a se honrar. Necessitamos desenvolver maneiras de nos preparar de forma que tenhamos opções quando nos encontrarmos em uma situação de violação ou estivermos prestes a ser violadas. Será como aprender um treinamento com alarme de incêndio

– estar preparada e ter força em todos os momentos. Desenvolver autovalorização, amor-próprio e autoestima é essencial, ou não iremos acreditar que merecemos ser honradas e protegidas.

Vamos aprender a construir uma barreira de energia – um escudo de poder mental que faz com que nos sintamos protegidas. Uma maneira é nos visualizarmos com poder em cada situação – em casa, no trabalho, durante eventos sociais, em todos os lugares. Observe as áreas em sua vida nas quais você não se honra ou não tem poder. Faça uma promessa para parar com isso. Comece a criar poder em sua mente. Visualize como você gostaria de ser tratada em cada situação. Faça afirmações para ter poder. Isso iniciará o processo de cura, e, conforme nos curamos, iremos automaticamente ensinar nossas filhas.

Lendo livros e nos educando, podemos aprender que temos opções diferentes, em vez de apenas "concordar". Dedique um tempo para ensaiar como você gostaria de ter comando em cada situação que poderia desonrá-la. Quando temos uma diretriz de ação pensada e bem planejada, *temos poder*. É essencial desenvolvermos e compreendermos verdadeiramente nossa própria autovalorização, e percebermos que não temos de concordar com nada que não pareça certo.

Precisamos ensinar as pessoas à nossa volta como elas devem nos tratar – e dizer não quando sentimos que estamos prestes a ser desonradas. "Vocês devem nos respeitar se desejam continuar a ficar perto de nós", precisamos dizer aos homens. Eles devem aprender que ser simpática não significa um convite sexual. Quando os noivos se deitam com a amiga ou a irmã da noiva na véspera do casamento é um ato que nos desonra. É apenas um jogo de poder, uma violação do compromisso, um ato para se sentir superior.

As mulheres devem parar de se sentir atraídas por conquistadores. Vamos ser espertas. Os conquistadores são predadores de mulheres; eles desonram as mulheres. Não importa quão ricos ou bonitos eles sejam, eles nos traem. As mulheres geralmente dizem: "Oh, ele é tão lindo". Isso não é desculpa para um comportamento que nos subjuga. Devemos parar de perder a cabeça por causa dos sedutores; eles são apenas conquistadores. Frequentemente os recompensamos com nossa admiração, mas ainda assim eles nos desonram. Devemos honrar os traços de caráter positivos nos homens, e não os que nos denigrem. O homem que parece ser tão encantador provavelmente não estará presente para cuidar das crianças.

A raiva em relação às mulheres muitas vezes se origina de problemas maternos. Por favor, não tenha um relacionamento ou se case com um homem que odeia a própria mãe, porque ele acabará descontado isso em você. Se ele estiver disposto a fazer terapia, seu comportamento poderá mudar; se não estiver, ele irá odiar as mulheres para sempre. Enquanto as mulheres se mantiverem em silêncio, continuaremos a permitir o abuso. Isso se torna uma violação do eu, da família, do ambiente de trabalho e da sociedade, prejudicando a força de nosso mundo e nosso futuro.

Leia o livro *Take Your Power Back: A Working Woman's Response to Sexual Harassment*, de Jennifer Coburn; e também *Too Good to Leave, Too Bad to Stay: A Step-by-Step Guide to Help You Decide Whether to Stay in or Get out of Your Relationship*, de Mira Kirshenbaum. Ambos são livros poderosos que lhe fornecerão muitas ferramentas para se fortalecer.

Como já disse antes, tenho grande compaixão pelos homens e os fardos que eles carregam. Mas isso não significa que aceitarei abuso. Eu também nunca mais permanecerei em silêncio sobre esse assunto. Esse é o mínimo que posso fazer pelas mulheres!

Afirmações para Honrarmos a Nós Mesmas

Eu sou um ser humano valioso.
Eu sou sempre tratada com respeito.
Eu tenho poder.
Eu apoio as outras mulheres.
Eu consigo facilmente falar por mim.
Eu mereço estabelecer limites.
Meus limites são respeitados.
Eu causo problemas quando isso é necessário.
Eu tenho uma boa equipe de apoio.
Eu tenho integridade.
Quanto mais franca eu sou, mais segura estou.
Minha autovalorização é muito forte.
Eu sou uma mulher que está curando outras mulheres.
Eu tenho uma forte barreira de energia.
Os homens da minha vida honram as mulheres.
Eu reivindico meu poder.
Eu me amo e me honro.

Capítulo IX

Envelhecimento: Melhorando a Qualidade de Vida

Chega da ênfase exagerada no culto à juventude! É hora de ajudarmos as mulheres mais velhas a se tornar tudo o que elas podem ser e encontrar verdadeiramente uma posição de honra neste mundo. Eu quero ajudar mostrando que todas as mulheres terão amor-próprio, autovalorização, autoestima e uma posição poderosa na sociedade conforme elas se tornam mais velhas. Isso não significa diminuir as gerações mais novas, mas ter verdadeiramente "igualdade" entre as gerações de forma mais positiva.

Quando olho em volta para a nossa atual leva de mulheres mais velhas, vejo tanto medo, saúde debilitada, pobreza, solidão e um sentimento de resignação diante da "decadência". Sei que não tem de ser assim. A forma como envelhecemos atualmente foi programada para nós, e nós a aceitamos. Como uma sociedade, com algumas exceções, acreditamos que todos nós envelhecemos, adoecemos, ficamos senis e frágeis e morremos, nesta ordem. Isso não precisa mais ser verdadeiro para nós. Sim, todos iremos morrer alguma hora, mas a parte sobre adoecer, ficar senil e frágil é uma opção que não precisamos experimentar.

Chegou o momento de não aceitarmos mais esses medos. Esta é a hora de todas nós revertermos as partes negativas do envelhecimento. Eu acredito que a segunda metade da nossa vida pode ser ainda mais maravilhosa do que a primeira metade. Se estivermos dispostas a mudar nosso pensamento e aceitar novas crenças, podemos fazer desses anos os nossos "anos de ouro". Se quisermos envelhecer de maneira positiva, devemos fazer uma escolha consciente a respeito disso. Desejamos mais do que apenas um aumento de nossa longevidade. Queremos vivenciar anos ricos e plenos adiante. Os anos adicionais são uma lousa em branco; o que viermos a escrever neles fará toda a diferença.

A história nos mostra que costumávamos ter uma vida muito curta; a princípio, a perspectiva era até a nossa adolescência; depois, era de pouco mais de 30 anos; depois, ao chegar aos 40 anos. Até mesmo na virada do século XX, era considerado idoso quem chegava aos 50 anos. Em 1900, a nossa expectativa de vida era de 47 anos. Agora aceitamos 80 anos como uma expectativa de vida normal. Por que não podemos dar um salto quântico na consciência e fazer com que o novo nível de aceitação seja de 120 ou 150 anos?

Isso não está fora de nosso alcance. Eu creio que uma expectativa de vida mais longa será algo normal e natural para a maioria de nós em uma ou duas gerações. Acredito que a nova meia-idade será de 75 anos. Há alguns anos, um estudo sobre envelhecimento foi feito em uma universidade. Os pesquisadores descobriram que, quando você chega à idade que acredita ser a meia-idade, seu corpo começa o processo de envelhecimento. Veja, o corpo aceita o que a mente decide. Portanto, em vez de aceitar 45 ou 50 anos como a meia-idade, poderíamos facilmente decidir que agora 75 anos é a meia-idade. O corpo também aceitará essa crença de bom grado. Podemos readequar como vemos os diferentes estágios da vida.

O Centro de Estudos Demográficos em Durham, Carolina do Norte, concluiu que se os padrões de envelhecimento continuarem evoluindo como estão desde 1960, os limites teóricos de vida podem se estender para além de 130 anos. Em 1960, existiam aproximadamente apenas 3.500 pessoas centenárias. Em 1995, existiam aproximadamente 54 mil pessoas centenárias. Essa é a faixa etária que cresce mais rapidamente. O estudo também descobriu que não existe evidência de alguma idade específica além da qual o ser humano não pudesse viver. Acredita-se também que as pessoas mais velhas provavelmente serão mulheres.

Durante gerações, permitimos que os números que correspondem a quantos anos temos nesse planeta nos dissessem como devemos nos sentir e nos comportar. Assim como em qualquer outro aspecto da vida, o que aceitamos mentalmente e acreditamos sobre o envelhecimento se torna verdadeiro para nós. Bem, chegou o momento de mudarmos nossas crenças. Sei que se aceitarmos novos conceitos, podemos transformar o processo de envelhecimento em uma experiência positiva, saudável e cheia de vida.

Mesmo após ter completado 70 anos, eu me sinto uma grande, forte e saudável mulher. De muitas maneiras, eu me sinto mais jovem do que me sentia aos 30 ou 40 anos, porque agora não sofro com as pressões de me conformar com certos padrões da sociedade. Sou livre para fazer o que quero. Parei de ir em busca de aprovação, e não me importo mais com o que todo mundo diz sobre mim. Caminho ereta, pois não tenho de carregar aqueles fardos, e percebi que me agrado com muito mais frequência. A pressão das pessoas se tornou definitivamente menos importante. Em outras palavras, pela primeira vez na minha vida, estou dando prioridade a mim mesma. E isso é muito bom!

Quando falo de ter vidas muito mais longas, muitas mulheres pensam: "Ah, não quero ficar doente e pobre por todos esses anos". É incrível que, quando abrimos a porta para novas ideias e possibilidades, de imediato nossa mente passa a ter pensamentos limitantes! Nós não precisamos equiparar nossos anos de velhice a pobreza, doença, solidão e morte no hospital. Se isso é o que frequentemente vemos à nossa volta na época atual, é porque foi isso que criamos por causa de nossos antigos sistemas de crenças. Aquilo que escolhemos pensar e acreditar hoje se tornará o nosso amanhã. Sempre podemos mudar nossos sistemas de crenças. Já acreditamos que a Terra fosse plana. Agora, isso não é mais verdadeiro para nós.

Como eu disse anteriormente, a vida vem em ondas, experiências de aprendizagem e períodos de evolução. Atualmente estamos em um novo período de evolução. Os *baby-boomers*, aqueles nascidos entre 1946 e 1964, estavam na vanguarda dessa dramática mudança de consciência. As pessoas que têm 50 anos hoje estão se aproximando de seus anos de velhice em melhor forma do que nunca. O ex-presidente Bill Clinton, quando completou 50 anos, aparentava ser um homem bem mais jovem do que sua idade. Atualmente, a maioria dos *baby-boomers* pode facilmente viver até seus 90 anos ou mais. É quase como se tivéssemos duas vidas adultas. E agora estamos descobrindo que pode não haver limites para a duração da vida – isso depende totalmente de nós, e de quão rapidamente podemos compreender e aceitar novas ideias sobre o envelhecimento.

Concordo que, conforme a expectativa de vida for se tornando mais longa, teremos de reorganizar totalmente a maneira como atualmente estruturamos nossa sociedade, nossas questões de aposentadoria, seguro e assistência médica. Mas isso pode ser feito. Sim, este é um período de enorme mudança para todos nós. Não podemos continuar a viver como antes e ainda assim esperarmos uma melhora em nossas vidas. Agora, precisamos de novos pensamentos, novas ideias e novas maneiras de se fazer as coisas.

Até mesmo nossa forma atual de moradia não reflete mais as qualidades humanas e a proximidade das pessoas. Acredito que também precisamos de uma arquitetura diferente e novas formas de habitação. Os condomínios e as vilas para aposentados, com todas as suas regras e regulamentos, isolam os idosos da vida. Onde estão os filhos e os netos? Onde está a alegria e o riso? Acho que devemos viver mais em comunidade. Precisamos de mais residências com dois andares – duas famílias aparentadas vivendo vidas separadas, mas lado a lado. Poderíamos usar muitas residências divididas em quatro – duas famílias vivendo no andar superior e alugando o andar inferior para aumentar a renda. Isso ajudaria a unir os idosos e as crianças. As crianças mantêm os idosos jovens, e os idosos fornecem sabedoria e sentido para a vida das crianças. Seria benéfico para a sociedade voltar a conviver em famílias grandes, com muitas gerações vivendo juntas ou próximas.

Nos últimos anos, por causa da minha "idade", tenho recebido correspondências me convidando para morar em várias comunidades para aposentados e "Lares para Aposentados Ativos". Um dos atrativos que sempre parecem estar inclusos nessas ofertas é que existe um centro médico anexo ou próximo ao local. Eles utilizam frases como "serviço especializado de enfermagem", "todas as vantagens de serviços para lares de idosos", "assistência médica de emergência 24 horas" e "supervisão de medicamentos". Na verdade, eles estão querendo dizer: "QUANDO você ficar doente, estaremos à sua disposição". Acredito que essa maneira de pensar contribui para programar as pessoas mais velhas a acreditar que elas FICARÃO doentes.

Eu gostaria de ver alguém construir uma comunidade para aposentados que inclua um centro de tratamento holístico. Em vez de enfermeiros e médicos tradicionais, você encontraria quiropraxia, acupuntura, homeopatia, medicina tradicional chinesa, nutrição e herbologia, massagem, ioga, um clube de saúde, e assim por diante. Esse seria um lugar no qual todos buscariam viver os seus últimos anos de forma saudável e despreocupada. Tenho certeza de que esse serviço teria uma lista de espera imediatamente. Esses são os lares para aposentados que eu gostaria de ver no futuro.

A cultura de adoração à juventude que criamos aumentou o desconforto com o qual observamos nosso corpo, isso sem mencionar o nosso medo de ter rugas. Olhamos com desdém para cada mudança em nossos rostos e corpos. Que maneira terrível de escolhermos nos sentir sobre nós mesmas. Entretanto, isso é apenas um pensamento, e um pensamento pode ser modificado. A maneira como escolhemos sentir o nosso corpo e nós mesmas é um conceito aprendido. Eu gostaria de ver todo mundo rejeitando essas falsas ideias e começando a se amar e se apreciar, por dentro e por fora.

A jovem que não se sente bem a respeito de si frequentemente procura razões para odiar seu corpo, acreditando que é nele que se encontram seus defeitos. Por causa da intensa pressão colocada sobre nós pelo mundo da propaganda, geralmente acreditamos que existe algo de errado com nossos corpos. Se ao menos fôssemos magras o suficiente, loiras o suficiente, altas o suficiente – se nosso nariz fosse maior ou menor, se tivéssemos um sorriso mais deslumbrante –, e a lista continua. Portanto, mesmo tendo sido jovens em algum momento, poucas de nós já atenderam aos padrões de beleza atuais.

Conforme envelhecemos, continuamos a carregar esses sentimentos de inferioridade conosco. Encontramos muitas maneiras, como diz a autora Doreen Virtue,[*] "de comparar o *nosso* interior com o exterior *delas*". Ou seja, comparamos como nos sentimos por

---

[*] N.E.: Sugerimos a leitura de *Manual de Terapia dos Anjos e Crianças Cristal*, de Doreen Virtue, ambos da Madras Eidtora.

dentro com o que as outras pessoas aparentam exteriormente. Esses sentimentos interiorizados de não se sentir boa o suficiente nunca serão curados com roupas e maquiagens ou outras coisas superficiais. Trabalhar com afirmações para transformar os nossos pensamentos negativos, conscientes ou inconscientes, em afirmações de amor-próprio, como: "Eu sou bonita exatamente do jeito que eu sou" e "Eu amo a minha aparência", irá nos ajudar a fazer mudanças permanentes.

É essencial para o nosso próprio bem-estar nos amarmos e nos apreciarmos constantemente. Se existir alguma parte em seu corpo com a qual você não esteja contente, espere um mês e deposite amor nessa área continuamente. Diga a seu corpo literalmente que você o ama. Você pode até mesmo pedir desculpas por ter odiado essa parte no passado. Esse exercício pode soar simplista, mas funciona. Amar o nosso corpo é importante em todas as fases de nossa vida e é indispensável conforme envelhecemos.

Carol Hansen, em seu áudio inspirador chamado *Lighten Up*, pede que as mulheres reservem cinco minutos por dia para massagear o corpo com loção, dizendo sentir amor por cada parte do corpo e agradecendo por lhe servir. O dr. Deepak Chopra (autor de *Corpo sem Idade, Mente sem Fronteiras*) recomenda massagear o corpo da cabeça aos pés com óleo de sésamo antes do banho. Qualquer pessoa, lugar ou coisa que recebe amor responderá dando o melhor de si. O amor que você cria para si mesma agora ficará com você por toda a sua vida. Da mesma forma como aprendemos a nos odiar, também podemos aprender a nos amar. Só precisamos de vontade e de um pouco de prática.

Algumas vezes, para introduzir novas ideias e pensamentos, precisamos limpar todos os antigos pensamentos negativos de nossa mente, da mesma forma como periodicamente precisamos nos livrar das coisas antigas em nossas vidas. Muitas pessoas mais velhas têm uma atitude de "depressão" – acumular e guardar coisas de que elas não precisam mais. Se você possui coisas em sua casa que não têm mais serventia para você, livre-se delas. Faça uma doação aos desabrigados ou a outras pessoas que realmente necessitam disso. Faça um bazar. Limpe a sua vida e proporcione um novo recomeço para si mesma – livre-se de todas as coisas e memórias antigas do passado. Mude-se para a vida.

O SEU FUTURO SERÁ SEMPRE BRILHANTE

Só porque os anos estão passando, não significa que a qualidade de nossas vidas deverá despencar automaticamente. Eu escolho ver a minha vida movendo-se em direções diferentes, todas elas igualmente boas. Algumas coisas estão ainda melhores agora do que como eram na minha juventude. Quando eu era nova, tinha muito medo; hoje, estou cheia de confiança.

Eu realmente acredito que muitos dos medos que temos são desnecessários. É algo que nos ensinaram. Isso foi programado em nós. É apenas um padrão habitual de pensamento, que pode ser mudado. O pensamento negativo é predominante entre muitas mulheres em idades mais avançadas e, como resultado, elas vivem de forma descontente.

Quero ajudá-la a criar um ideal consciente de seus anos de velhice, ajudá-la a perceber que esses podem ser os anos mais recompensadores de sua vida. Saiba que seu futuro será sempre brilhante, não importa qual seja sua idade. Veja seus anos de velhice como seus anos de ouro. Você pode se tornar uma *Senhora Superior*, alguém que sabe que pode ser uma parte poderosa, ativa e essencial da sociedade, não importa em qual idade esteja.

Sente-se em silêncio e direcione a atenção para seu interior. Pense em todas as vezes que se sentiu feliz e deixe que seu corpo sinta essa alegria. Lembre-se de todas as vezes que você foi uma vencedora, as vezes em que você fez algo do qual se orgulhou, mesmo coisas pequenas. Mantenha esses sentimentos perto de você, essa alegria e confiança. Agora, olhe para daqui a dez anos. O que você se vê fazendo, como está? Qual é a sua aparência? Como se sente? Você está carregando a alegria consigo? Agora, avance 20 anos de estrada. O que você vê? Você está viva, ativa e interessada na vida? Você está cercada de amigos que a amam? Você está fazendo coisas que a realizam? Qual é a contribuição que você está dando para a vida? Agora é o momento de você visualizar e criar seu futuro. Torne-o o mais saudável, brilhante e feliz possível. Essa é sua vida, e você irá vivê-la.

Nunca pense que é tarde demais para você ou que está velha demais para sonhar e ter objetivos. Os sonhos e objetivos nos mantêm jovens e interessadas na vida. Viva o hoje ao máximo e esqueça o passado.

A minha própria vida só começou realmente a ter algum sentido quando eu já estava com mais de 45 anos. Aos 50, iniciei minha editora, ainda em uma escala muito pequena. No primeiro ano obtive um lucro de 42 dólares. Aos 55 anos, eu me aventurei no mundo dos computadores. Eles me assustavam, mas fiz aulas e superei o medo. Atualmente tenho três computadores e sempre viajo com meu *laptop*. Aos 60 anos, tive meu primeiro jardim. Nessa mesma época, eu me inscrevi em um curso de arte para crianças e comecei a pintar. Agora, a cada ano que passa, fico mais criativa e minha vida se torna mais rica e mais completa. Eu escrevo, dou palestras, ministro cursos. Estou constantemente lendo e estudando. Sou dona de uma editora muito bem-sucedida. Sou dedicada a cuidar de meu jardim orgânico. Cultivo a maior parte dos alimentos que consumo. Adoro pessoas e festas. Tenho muitos bons amigos. Viajo muito. Também frequento aulas de arte uma vez por semana. A minha vida realmente se tornou um tesouro de experiências.

Muitas de vocês, como eu, estão agora entrando em uma faixa de idade mais avançada, e está na hora de ver a vida de forma diferente. Você não tem de viver essa fase da vida como seus pais viveram. Eu e você podemos criar uma nova maneira de se viver. Podemos mudar todas as regras. Quando avançamos no futuro, conhecendo e usando os tesouros dentro de nós, apenas o bem nos aguarda. Podemos saber e afirmar que tudo o que acontece conosco é pelo nosso bem maior e pela nossa imensa alegria, verdadeiramente acreditando que não podemos errar.

Em vez de apenas envelhecermos, desistirmos e morrermos, vamos aprender a fazer uma grande contribuição para a vida. Nós temos tempo, conhecimento e sabedoria para sair para o mundo com amor e poder. A sociedade está enfrentando muitos desafios neste momento. Existem muitos assuntos e problemas de âmbito mundial que requerem nossa atenção. Vamos observar e enxergar onde podemos depositar nossas energias a fim de ajudar o planeta. Deve existir uma razão para estarmos vivendo cada vez mais. O que devemos fazer com esse tempo extra? Se apenas "brincarmos", depois de algum tempo, isso acaba ficando monótono.

Se você, um familiar ou um amigo frequentar um centro para idosos, em vez de ficar falando sobre doenças, fale sobre como vocês podem se unir e melhorar seu espaço na sociedade. O que você pode fazer para tornar a vida melhor para todo mundo? Não importa quão pequena seja sua contribuição, ela é significativa. Se todos os idosos contribuírem para algo, podemos melhorar nosso país.

Ao nos tornarmos ativas em todos os segmentos da sociedade, veremos nossa sabedoria se espalhando para todos os cantos, transformando, assim, nosso país em um lugar de amorosa bondade. Então, eu a encorajo: siga em frente, use sua voz, saia para o mundo e VIVA! Existe uma oportunidade para você reaver seu poder e criar um legado que terá orgulho de passar para seus netos e os netos deles.

Na escola, sempre se pergunta para as crianças: "O que você quer ser quando crescer?". Elas são ensinadas a planejar o futuro. Precisamos tomar a mesma atitude e planejarmos os nossos anos de velhice. O que queremos ser quando envelhecermos? Eu quero ser uma Senhora Superior, contribuindo para a sociedade de todas as maneiras que eu puder. Maggie Kuhn, líder do grupo ativista The Gray Panthers, costumava dizer: "Eu quero morrer em um aeroporto, com uma pasta na mão, tendo acabado de concluir um trabalho bem feito".

Não importa se temos 14, 40 ou 80 anos, todas nós estamos no processo de envelhecimento e avançando em direção ao momento em que partiremos deste planeta. Tudo o que fazemos, dizemos ou pensamos está nos preparando para o próximo passo. Que nos seja permitido envelhecer com consciência e morrer com consciência. Uma boa pergunta para todas nós nos fazermos é: "Como eu quero envelhecer?". Olhe à sua volta. Observe as mulheres que estão envelhecendo de forma miserável e as mulheres que estão envelhecendo de forma magnífica. O que esses dois grupos de mulheres fazem de diferente? Você está disposta a fazer o esforço necessário para ser saudável, feliz e realizada durante seus anos de velhice?

A pergunta seguinte é: "Como eu quero morrer?". Nós pensamos em tantas outras áreas de nossas vidas, mas raramente pensamos sobre a nossa morte, exceto quando estamos com medo. Não importa como seus pais tenham morrido, sua despedida deste mundo pode ser uma experiência boa para você. Como você está se preparando para sua morte? Você quer partir doente e desamparada em uma cama de hospital, cheia de tubos? Ou, quando chegar a hora de partir, você gostaria de dar uma festa para os seus amigos à tarde e depois entrar para cochilar e não acordar mais? Eu definitivamente prefiro dar uma festa, e estou me programando para que minha vida termine dessa forma. Se a sua visão atual sobre a morte é negativa, você sempre poderá mudá-la. Todos nós podemos fazer da morte uma experiência de paz e alegria.

A cura planetária ou global é uma resposta para a consciência de que aquilo que experimentamos em nosso mundo exterior é um espelho dos padrões de energia dentro de nós. Uma parte importante de qualquer processo de cura é reconhecer a nossa conexão e contribuição ao todo da Vida e iniciar o processo de projetar energia positiva de cura no mundo. Este é o ponto em que muitos de nós ficamos presos em nossa própria energia, inconscientes do poder de cura de dar e compartilhar. A cura é um processo contínuo, e se esperarmos ficar "curados" para começar a compartilhar amor, podemos nunca ter a oportunidade de conseguir isso.

A frase "Ah, eu estou velha demais para fazer isso ou aquilo" se tornará totalmente fora de moda quando vermos as pessoas mais velhas realizando todas as coisas que dissemos que elas não poderiam fazer. A ideia de estar "velha demais" pode se tornar algo que acontece apenas pouco tempo antes da morte. Não há razão para não estarmos cheias de vida até os nossos últimos dias.

Existiu um grupo de mulheres em Dallas, da faixa dos 62 aos 80 anos, que praticava caratê regularmente. Elas se tornaram um grupo de demonstração de caratê chamado Steele Magnolias. Elas se apresentavam em vários centros, provando que o caratê pode ser um esporte para mulheres mais velhas. Além disso, essas mulheres poderiam se defender facilmente se fossem atacadas em qualquer situação.

Também existem grupos de mulheres mais velhas no país que se unem e investem no mercado de ações. Alguns desses grupos obtiveram bastante sucesso com isso. Um grupo em Illinois publicou um livro chamado *Guia Prático de Investimentos das Beardstown Ladies*. Esse livro vendeu mais de 300 mil cópias.

Um estudo na Pensilvânia descobriu que os idosos com mais de 80 e 90 anos que participam de algum programa de exercícios com levantamento de peso podem revitalizar seu corpo. Eles podem readquirir controle de músculos que estiveram inativos por anos. A falta de preparo físico frequentemente associada ao envelhecimento é, na verdade, uma consequência dos anos de inatividade. Os treinadores descobriram que pessoas com mais de 90 anos podem triplicar sua força em menos de dois meses. Esse exercício também tem um efeito estimulante na mente delas.

Estamos descobrindo que o cérebro só se degenera ou morre quando paramos de utilizá-lo. Se nos estimularmos com atividades e exercícios mentais, se nos mantivermos interessadas na vida, nosso cérebro ficará ativo. A vida se torna muito tediosa e monótona quando não desafiamos nosso cérebro. Quão pequena e limitada é a vida das pessoas que nunca fazem exercícios e apenas falam sobre suas doenças.

Quase todas as pesquisas feitas acerca das pessoas mais velhas foram realizadas pela indústria farmacêutica, sobre doenças, sobre o que está "errado" com os idosos e sobre quais medicamentos eles precisam. É necessário que se façam estudos aprofundados sobre pessoas mais velhas que são saudáveis, felizes, realizadas, e que estão aproveitando a vida. Quanto mais estudarmos o que está "certo" com as pessoas mais velhas, mais saberemos como é possível para todos nós termos uma vida saudável. Infelizmente, as indústrias farmacêuticas não lucram com pessoas saudáveis, por isso elas nunca financiam estudos desse tipo.

Não importa qual seja a nossa idade ou quais tipos de problemas nós temos, podemos começar a fazer mudanças positivas hoje. Se começarmos a ter vontade de nos amar e nos tratar com carinho, aprenderemos a amar. Conforme nos amarmos um pouco mais a cada dia, também estaremos mais abertas a receber o amor dos outros. A Lei do Amor necessita que foquemos nossa atenção naquilo que *queremos*, e não naquilo que *não queremos*. Concentre-se em *se* amar. Use a afirmação: *"Eu me amo completamente neste momento"*.

Se quisermos ser respeitadas e honradas quando formos mais velhas, então devemos preparar o terreno respeitando e honrando os idosos que encontrarmos agora em nossa vida. A forma como tratamos os idosos hoje é a forma como seremos tratadas mais tarde. Não só é necessário voltarmos a escutar os idosos, como também precisamos escutar a nova voz que está surgindo de nossas imprescindíveis mulheres mais velhas. Temos muito a aprender com elas. Essas mulheres estão cheias de energia, sabedoria e conhecimento. Elas enxergam a vida como um caminho para o despertar; em vez de envelhecer, elas simplesmente continuam crescendo.

Realmente recomendo a leitura do livro *Novas Passagens – Um Roteiro para a Vida Inteira*, de Gail Sheehy. Sua percepção sobre o Novo Mapa da Vida Adulta e a possibilidade de mudanças que nos aguardam tocou um ponto em meu coração que quer ajudar todas nós a nos tornarmos Senhoras Superiores com o tempo. Não importa quão jovem você seja, provavelmente viverá uma vida muito longa, e agora é o momento de se preparar para ter anos agradáveis e recompensadores mais à frente.

Uma maneira útil de se fazer essas mudanças positivas é usando afirmações. Como todos os pensamentos e palavras que utilizamos são afirmações, quando falamos sobre "fazer afirmações" significa criar frases positivas que reprogramam conscientemente as nossas mentes para aceitar novas maneiras de se viver. Selecione afirmações que a fortaleçam como uma mulher mais velha, uma Senhora Superior. Todos os dias, afirme pelo menos algumas dessas frases, sendo a primeira coisa a ser feita no dia e a última coisa a ser feita à noite. Comece e termine seu dia com um tom positivo.

Afirmações para se Tornar uma *Senhora Superior*

Eu tenho minha vida inteira adiante.
Eu sou jovem e bonita... Em todas as idades.
Eu contribuo para a sociedade de maneira gratificante e produtiva.
Eu tenho controle sobre minhas finanças, minha saúde e meu futuro.
Eu sou respeitada por todos com quem tenho contato.
Eu honro e respeito as crianças e os adolescentes em minha vida.
Eu exalto cada novo dia com energia e alegria.
Eu vivo cada dia ao máximo.
Eu durmo bem à noite.
Eu tenho pensamentos novos e diferentes a cada dia.
A minha vida é uma aventura gloriosa.
Eu estou disposta a experimentar tudo o que a vida tem a oferecer.
Minha família me apoia e eu a apoio.
Eu não tenho limitações.
Eu falo; minha voz é ouvida pelos líderes da sociedade.
Eu dedico um tempo para brincar com a minha criança interior.
Eu medito, faço caminhadas em silêncio e aproveito a natureza. Eu gosto de passar um tempo sozinha.

> *A alegria é muito importante na minha vida;
> eu não reprimo nada.
> Eu penso em maneiras de ajudar a curar o
> planeta e as coloco em prática.
> Eu contribuo para a harmonia da vida.
> Eu tenho todo o tempo do mundo.
> Os meus anos de velhice são meus
> anos de ouro.*

Meditação para a Cura

Eu desfruto cada ano que passa. Minha riqueza de conhecimento aumenta e estou em contato com minha sabedoria. Sinto a orientação dos anjos a cada passo do caminho. Eu sei viver. Sei me manter jovem e saudável. Meu corpo se renova a cada momento. Sou ativa, animada, saudável, cheia de vida e útil até o meu último dia. Estou em paz com minha idade. Eu crio o tipo de relacionamentos que quero ter. Crio a prosperidade de que necessito. Eu sei como triunfar. Meus anos de velhice são meus Anos de Ouro, e me torno uma Senhora Superior. Hoje contribuo para a vida de todas as maneiras que posso, reconhecendo que sou amor, alegria, paz e sabedoria infinita agora e para sempre.

Que assim seja!

Capítulo X

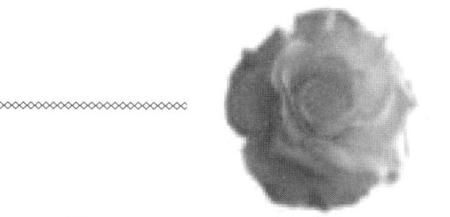

Construindo um Futuro Financeiramente Seguro

As mulheres têm sido muito protegidas pelos homens em suas vidas. Os homens geralmente tomam a atitude de que as mulheres não precisam "perturbar suas lindas cabecinhas com as finanças". Os pais e os maridos cuidarão de tudo. Isso não deixa as mulheres preparadas para se divorciar e ficar viúvas. Nossas lindas cabecinhas são mais do que capazes de aprender sobre a administração do dinheiro. Nas escolas, as garotas quase sempre têm um melhor desempenho em matemática do que os garotos.

Agora é o momento de as mulheres aprenderem mais sobre os serviços bancários e os investimentos.

Somos perfeitamente competentes. Todas as mulheres precisam ter independência financeira, mas raramente somos ensinadas sobre dinheiro em casa e na escola. Não somos ensinadas sobre o mundo da economia. Em uma família tradicional, o homem cuidava do dinheiro enquanto a mulher cuidava das crianças e da limpeza. Muitas mulheres são bem mais capazes de lidar com o dinheiro do que os homens, e alguns homens são muito mais capazes de cuidar da cozinha e da limpeza. Dizer que as finanças pertencem ao mundo dos homens é apenas outra forma de manter as mulheres em seus lugares.

Muitas mulheres ficam assustadas com a palavra finanças só porque esse é um assunto novo. Creio que devemos ir além do antigo pensamento de que as mulheres não entendem. Nós achamos que não sabemos das coisas, mas somos mais brilhantes do que pensamos ser e podemos aprender. Precisamos fazer aulas, ouvir áudios, ler livros e criar grupos de estudos. Quando aprendermos mais sobre dinheiro e sobre o mundo das finanças, não ficaremos tão assustadas com isso.

Em San Diego, temos grupos sem fins lucrativos, como o Women's Institute for Financial Education e o Consumers Credit Counselors, que oferecem cursos gratuitos. A maioria das instituições de ensino e universidades oferece cursos por meio de programas de educação contínua no período noturno e nos fins de semana. Essas aulas têm como objetivo ajudar as mulheres a se tornar mais seguras ao lidar com dinheiro e investimentos. Isso, por sua vez, proporciona confiança às mulheres. Tenho certeza que você encontrará esse mesmo tipo de curso disponível onde você mora. Procure essas aulas.

Todas as mulheres precisam entender sobre dinheiro, finanças e investimentos. Mesmo que você seja uma mulher casada e feliz, que ame ser uma dona de casa, que ame seus filhos e tudo o mais, precisa ter conhecimento sobre essas coisas. E se o seu marido de repente falecer ou pedir divórcio e você se ver confrontada a criar seus filhos sozinha? É nesse momento em que as mulheres enfrentam problemas – quando elas não foram educadas. Aprenda sobre esses assuntos enquanto puder. Se tiver esse aprendizado antes de precisar dele, talvez nunca tenha de usá-lo. Conhecimento é sempre poder.

Começando a guardar dinheiro, mesmo que seja aos poucos, podemos avançar em direção à riqueza. É um prazer ver nossas economias aumentando e crescendo. Depois das economias, passamos para os investimentos. Então seu dinheiro estará trabalhando para você em vez de você estar trabalhando para seu dinheiro. Há algum tempo venho usando a afirmação: MINHA RENDA ESTÁ CONSTANTEMENTE AUMENTANDO, E EU SOU BEM-SUCEDIDA EM TODOS OS LUGARES PARA ONDE VOU. Fiz disso uma lei pessoal para mim, e você também pode. Isso irá ajudar a mudar sua consciência sobre o dinheiro. Eu falo por experiência, porque vim da pobreza, pobreza de verdade. Durante boa parte da minha vida, eu não tinha dinheiro algum. Não tinha uma consciência da prosperidade. Eu tinha uma consciência da pobreza. Cheguei onde estou hoje por direito de consciência. Com isso, quero dizer que meus pensamentos sobre mim mesma, a vida e o dinheiro mudaram. Conforme meu pensamento mudou, minha consciência e meu mundo mudaram.

Eu nasci em tempos de depressão. Quase não tínhamos dinheiro. Não tínhamos água quente e cozinhávamos em um fogão a lenha durante toda a minha infância. Geladeira era um luxo desconhecido. Meu pai trabalhava em um programa de empregos apoiado pelo governo, WPA, e ganhava um pouco de dinheiro quando eu era pequena, mas não muito. Eu me lembro como fiquei empolgada quando finalmente consegui um emprego em uma loja de variedades. Essa era a minha consciência expandindo naquela época. Trabalhei em um almoxarifado e em um restaurante; trabalhei em todo tipo de trabalho servil porque minha consciência acreditava que isso era o que eu merecia. Demorou muito tempo para eu passar por essas crenças. Conforme meu entendimento começou a crescer, fui capaz de perceber que existe abundância no universo. Essa abundância está disponível para todos aqueles que expandirem a consciência. O Universo gosta de dar. Somos nós que temos dificuldade em receber. Continuaremos na carência até que possamos expandir nossa consciência para aceitar a ideia de que *temos permissão* para prosperar, de que *merecemos* prosperar, de que *podemos* prosperar. Só então conseguimos permitir que o Universo nos conceda algo.

A maioria de nós mulheres diz: "Eu quero dinheiro", "Eu preciso de dinheiro". Ainda assim estamos fazendo de tudo para construir muros à nossa volta de forma que o dinheiro não consegue entrar. O seminário mais difícil de ensinar é aquele sobre prosperidade. As pessoas ficam extremamente irritadas quando suas crenças sobre prosperidade são desafiadas. E as mulheres que estão em maior necessidade de dinheiro geralmente têm crenças fortes sobre a pobreza. São elas também que ficam mais iradas quando essas crenças são contestadas. Qualquer pessoa pode mudar suas crenças limitadoras; porém, quanto mais coisas existem para se mudar, mais difícil o processo parece ser, e mais assustada e defensiva ela pode se tornar.

Certifique-se de fazer a sua lista: "O QUE EU ACREDITO SOBRE O DINHEIRO". Liste todas as suas crenças, cada observação que você ouviu quando criança sobre dinheiro, trabalho, lucro e prosperidade. Escreva também como você se sente em relação ao dinheiro. Você odeia o dinheiro? Você o despreza? Você o amassa quando o recebe? Você já conversou de forma carinhosa com alguma nota de dinheiro? Você abençoa as suas faturas quando as recebe? Você já agradeceu à companhia telefônica por lhe servir e confiar que você pagará a sua conta? Você fica grata quando recebe dinheiro ou sempre reclama que ele não é suficiente? Observe realmente sua atitude em relação ao dinheiro! Você pode ficar impressionada com o que descobrirá.

Quando comecei a ganhar dinheiro superior ao nível de subsistência em minha vida, eu costumava me sentir extremamente culpada por causa disso. Eu tentava me livrar dele ou gastá-lo com coisas desnecessárias, pois assim eu ficaria sem nada de novo. Ter algum dinheiro extra era tão contrário aos meus sistemas de crenças iniciais que, em um nível subconsciente, eu tinha que dar um jeito de me livrar dele. Levou muito tempo para eu mudar minhas crenças e reconhecer que merecia ganhar dinheiro, usufruí-lo e economizá-lo.

As mulheres precisam entender que nenhuma coisa chega às nossas vidas sem que a tenhamos criado na consciência, e então já a tenhamos ganhado – ganhado pelo direito de consciência. Nós fazemos contribuições mentais (afirmações positivas) ao nosso banco cósmico. Quando as depositamos o suficiente, elas retornam para nós em forma de prosperidade. Não se sinta culpada por trazer o bem para a sua vida. Você já o ganhou! Você não tem de pagar por isso; já fez o seu trabalho. É por isso que o recebeu.

Quando sua renda começar a aumentar, quando seu trabalho ficar melhor, quando o dinheiro começar a entrar, você já recebeu isso tudo na consciência.

Essa nova condição é sua para que você possa usufruí-la. Então, uma boa afirmação para se usar seria: EU JÁ GANHEI ISSO. EU MEREÇO ISSO. EU JÁ GANHEI ISSO. Portanto, sinta-se contente e agradecida. Como eu disse antes, o Universo adora pessoas gratas.

Não perca seu tempo perguntando-se por qual razão você pode ter prosperidade enquanto outras mulheres não podem. Todos nós operamos conforme a lei de nossa própria consciência. Todas as outras pessoas têm a capacidade de criar o bem em suas vidas se elas abrirem a consciência para novas ideias. O despertar espiritual está sempre presente; depende de nós estarmos dispostos a aceitá-lo. A oportunidade está sempre disponível; se vamos aceitá-la ou não, depende de nós. Quando o discípulo está pronto, o mestre aparece – nem um momento antes, nem um momento depois.

Acredito em pagar o dízimo a si mesma. É uma coisa muito poderosa de se fazer. Pagar o dízimo a si mesma é dizer ao Universo: "Eu sou digna, eu mereço, eu aceito". Recomendo que as mulheres economizem entre 10 a 20% de seus ganhos para si mesmas. Separe isso de sua renda. Esse dinheiro não deve ser usado nas coisas do dia a dia. É para ser economizado e usado apenas para fazer aquisições maiores, como uma casa ou um negócio. Isso impede que você use esse lucro. Mesmo que você inicie com quantias pequenas, comece a poupar dinheiro. É incrível quão rápido ele se soma. Pagar o dízimo a si mesma é um ato de amor-próprio e ajuda a criar autovalorização.

    As Igrejas querem que você pague o dízimo apenas para Deus, por meio de doações para a Igreja. Mas você é parte de Deus. Você é parte de Tudo o que Existe. Pague o dízimo para sua fonte espiritual se desejar, mas também pague o dízimo a si mesma. E não cometa o erro de esperar para juntar dinheiro apenas quando começar a ganhar mais. Com esse pensamento de pobreza, você nunca ganhará o suficiente para economizar. Você tem de dar um salto de fé agora e separar esse dinheiro, antes mesmo de tê-lo em mãos para gastá-lo. Então você pode usar a quantia que restar. É incrível como esse exercício traz mais benefício para sua vida. Pagar o dízimo a si mesma é como criar um ímã de dinheiro!

Capítulo XI

Mulheres em Apoio a Outras Mulheres

Um grupo de apoio para criar "Mulheres Poderosas" pode ser uma oportunidade específica para elas identificarem suas crenças limitadoras por meio da prática de uma variedade de exercícios, usando afirmações para mudar crenças antigas, usufruindo das mudanças maravilhosas em suas vidas e compartilhando o processo com outras mulheres. O processo em grupo oferece uma energia incrível para apoiar a mudança.

Você não precisa ser perfeita para organizar um grupo para Mulheres Poderosas. No entanto, você realmente precisa usar essas ideias e princípios em sua própria vida, ter a vontade de compartilhar essa informação com as outras mulheres e ter um coração aberto e disposição para ouvir. Liderar um grupo é um processo de crescimento tanto para o líder quanto para os participantes, então tenha em mente que algumas "coisas suas" serão despertadas. Que maravilha! É tudo uma oportunidade de continuar os processos de cura e crescimento. Lembre-se que amar a si mesma e amar os outros são as tarefas mais importantes que temos neste planeta.

Um grupo de apoio para Mulheres Poderosas pode ser uma reunião casual de algumas amigas, talvez semanalmente. As sessões do grupo podem ser baseadas nos capítulos deste livro. Em cada semana vocês poderão discutir um capítulo diferente. Outras fontes que vocês podem considerar úteis são meus outros livros, incluindo *Você Pode Curar Sua Vida* e *Viver! Reflexões para a Sua Viagem*.

Não use um grupo de apoio como razão para se sentar com outras pessoas para ficar reclamando. Em vez disso, use o grupo como ponto de partida em seu processo de crescimento. Não faz bem algum apoiar padrões de comportamento antigos e ver quem teve a pior vida nesta semana. Use o grupo para apoiar mudanças positivas.

DIRETRIZES GERAIS

Um dos primeiros e mais importantes exercícios é descobrir EM QUE você acredita. Isso realmente pode ajudar a abrir os olhos. Separe algumas páginas inteiras em um caderno e escreva no topo de cada uma: O QUE EU ACREDITO SOBRE...

- Homens
- Mulheres
- Mim Mesma
- Relacionamentos
- Compromisso
- Casamento
- Família
- Filhos
- Trabalho
- Dinheiro
- Prosperidade
- Investimentos
- Saúde
- Envelhecimento
- Morte

Essas crenças são as regras interiores e subconscientes pelas quais você vive. Você não pode fazer mudanças positivas em sua vida até que consiga reconhecer as crenças negativas que mantém.

Quando todas as listas estiverem mais ou menos completas, leia-as novamente.

Marque com um asterisco cada crença que seja sustentadora e apoiadora. Estas são as crenças que você deseja manter e reforçar.

Marque com um sinal de visto cada crença que seja negativa e prejudicial aos seus objetivos. Estas são as crenças que a estão impedindo de ser tudo o que você pode ser. São as crenças que você quer apagar e reprogramar.

Você pode acrescentar mais assuntos. Pode querer trabalhar um assunto por semana, dando a cada pessoa tempo para discutir suas listas.

Seguem algumas sugestões para aquelas que quiserem iniciar um grupo de apoio:
1. Crie um espaço que seja seguro para compartilhar coisas profundas. Maneiras de se fazer isso

incluem pedir para que todas do grupo se comprometam a manter confidencialidade, compartilhando alguns de seus próprios processos, e deixar claro que no grupo é preciso tirar as máscaras que geralmente usamos.

Ninguém precisa ter uma vida "perfeita". O objetivo do grupo é ser uma forma de aprender novas maneiras de lidar com os problemas em nossas vidas. O lugar para os encontros pode ser sua sala de estar, uma sala de reuniões ou uma igreja.

2. Cultive uma atitude de aceitação sem julgamento. Não diga a nenhuma pessoa o que ela "deve" fazer. Ofereça sugestões sobre maneiras de como elas poderiam mudar seus pensamentos e perspectivas. Se as pessoas sentirem que estão sendo julgadas, irão imediatamente se tornar resistentes.

3. Concentre-se em si mesma antes de cada sessão do grupo. Use afirmações como: "O Espírito guia meus pensamentos, minhas palavras e minhas ações durante cada sessão", e "Eu confio na Sabedoria Divina dentro de mim quando lidero o grupo". Se algo desafiador acontecer durante a sessão do grupo, imediatamente respire fundo e pense em uma afirmação positiva.

4. No começo do grupo, você pode propor o seguinte:
   - Chegar no horário!
   - Comprometer-se a frequentar todas as sessões. A continuidade é importante.

- Escutar com atenção e respeitar o que cada mulher estiver compartilhando.
- NÃO iniciar uma conversa paralela enquanto alguém estiver falando.
- Comprometer-se a manter confidencialidade sobre assuntos compartilhados no grupo. É importante que as participantes se sintam seguras enquanto compartilham.
- Focar em compartilhar coisas sobre o assunto em questão, e não contar toda a "história".
- Usar afirmações com "eu", como "Eu sinto...", em vez de "Eles me fizeram...".
- Respeitar o tempo e a necessidade de dar aos outros a chance de compartilhar.

5. É importante para todo mundo ter algum tempo para compartilhar as coisas durante cada sessão. Se o grupo for grande, você pode fazer as participantes formarem grupos pequenos de cinco ou seis pessoas para um exercício ou para compartilhar.
6. De vez em quando pode existir alguém no grupo que seja muito falante ou, de alguma forma, tumultuadora. Perceba que alguém que esteja tentando dominar o grupo está agindo por causa de seu próprio medo de não ser boa o bastante ou não receber muita atenção. É melhor conversar com essa pessoa depois da sessão do grupo, em um ambiente separado. Você pode dizer de uma

maneira amigável: "Eu agradeço que você tenha muita coisa para compartilhar com o grupo. A minha preocupação é que as outras que não são tão confiantes possam se sentir inibidas. Na próxima semana, você poderia ter a consciência de deixar as outras falarem, deixando-as compartilhar primeiro? Obrigada". Achar uma tarefa com a qual essa mulher possa lhe ajudar também pode ser útil.

7. O trabalho experimental é um dos métodos mais importantes de consciência. Em cada sessão do grupo, ofereça um exercício experimental, como uma atividade diante do espelho, uma meditação sobre a criança interior, exercícios com "devo", e assim por diante.
8. Seja flexível. Com o processo do grupo, nem sempre as coisas acontecerão exatamente da forma como você planejou. Como a Ação Divina Correta está sempre acontecendo, aprenda a confiar no processo, e assim ele irá fluir!
9. Frequentemente monitore a si mesma e suas reações. Se você começar a se sentir inquieta ou incapaz, respire profundamente, relaxe e diga silenciosamente uma afirmação positiva.
10. Não discuta com uma pessoa que pareça querer se manter estagnada. Tente não ficar deprimida com o drama dos outros. Como a líder do grupo, você deve aprender a confiar no CONHECIMENTO de que a cura está disponível para todos, independentemente das circunstâncias externas.

A VERDADE é que o Espírito é mais poderoso do que doenças, dificuldades financeiras ou problemas de relacionamento!
11. Desenvolva um senso de humor. Rir é uma maneira maravilhosa de se ter uma nova perspectiva.
12. Muitas vezes as mulheres no grupo terão algumas emoções bem profundas que precisam expressar e liberar. É importante que você seja capaz de lidar com as expressões de dor, raiva e ira se quiser ajudar as outras a liberá-las. Se perceber que teme as emoções profundas, pode procurar um terapeuta em quem possa confiar para ajudá-la a explorar esse medo.
13. Depois de cada sessão do grupo, fique diante do espelho e diga a si mesma como você está se saindo bem, especialmente se você for nova em liderança de grupos.
14. Inicie e termine cada sessão do grupo com uma meditação ou um processo para centrar-se. Pode ser de maneira simples, fazendo todo mundo fechar os olhos e respirar por um momento. Eu gosto de fazer com que as pessoas se deem as mãos. Peço-lhes que sintam a energia das mãos próximas às suas. Depois, faço-as relembrar que todas no ambiente querem as mesmas coisas. Todas querem ser saudáveis, prósperas, dar e receber amor, e se expressar criativamente de forma que as faça se sentir realizadas. Durante a meditação de encerramento, faço com que elas lembrem de

que cada uma de nós, inclusive eu, aprendeu alguma coisa que irá melhorar a qualidade de nossas vidas. Tudo está bem, e estamos em segurança.
15. Cada grupo é diferente, e cada sessão também será diferente. Aprenda a fluir com a energia do grupo e da sessão atual.
16. Para cada sessão, você precisará de:
    - um rádio para tocar músicas e mensagens para meditação
    - um espelho de mão e/ou um espelho de corpo inteiro
    - papéis e canetas
    - várias caixas de lenços de papel
    - velas ou incensos para criar um ambiente sagrado (opcional)
17. Peça para as participantes trazerem um diário para escrever e um espelho de mão em cada sessão. Elas também podem querer trazer uma almofada para se sentar ou usar durante as meditações, e um bicho de pelúcia para abraçar!

Conclusão

Todas nós pensamos que temos muitos problemas. Contudo, esses problemas se enquadram em apenas quatro categorias na vida: amor, saúde, prosperidade e autoexpressão. Portanto, apesar de isso parecer ser muito difícil, temos que resolver apenas quatro áreas. E a do amor é a mais importante de todas. Quando nos amamos, é fácil amar os outros e os outros nos amarem. Isso, por sua vez, melhora os nossos relacionamentos e as nossas condições de trabalho. Amar a si mesma é o ingrediente mais importante para se ter uma boa saúde. Amar a nós mesmas e amar a vida nos conecta à prosperidade do Universo. O amor-próprio cria autoexpressão e nos permite sermos criativas de maneira muito realizadora.

SOMOS TODAS PIONEIRAS!

Pessoalmente, sinto que todas as mulheres são pioneiras atualmente. As mulheres da época dos pioneiros abriam caminhos. Assumiam riscos. Lidavam com a solidão e com o medo. Viviam na pobreza e passavam por dificuldades. Tinham de ajudar a construir seu próprio abrigo e procurar sua própria comida. Mesmo se fossem casadas, seus maridos geralmente se ausentavam por longos períodos. As mulheres tinham de defender a si mesmas e a seus filhos. Precisavam achar seus próprios recursos. Foi assim que estabeleceram as bases para a formação desse país. Os homens nunca teriam conseguido fazer isso sem essas mulheres corajosas.

As pioneiras da atualidade são como você e eu. Temos oportunidades incríveis para nos realizar e alcançar a igualdade entre os sexos. Queremos florescer onde fomos plantadas e tornar a vida melhor para todas as mulheres. Se a Vida está impulsionando as mulheres para um novo nível de realização e liberdade, deve haver uma razão para isso. Temos de aprender como tirar vantagem desse ciclo. Precisamos de novos mapas para viver. A sociedade está avançando por águas desconhecidas. Estamos começando a aprender que tipo de coisas podemos realizar. Então, pegue sua bússola e venha junto. Todas nós temos muito a aprender e muito a dar. Podemos criar os mapas e determinar o ritmo, não importa de que parte da sociedade nós viemos.

Conclusão

Nascemos sozinhas e morreremos sozinhas. Escolhemos como preencher o espaço entre esses momentos. Não há limite para nossa criatividade e nossas possibilidades. Devemos encontrar alegria em nossas capacidades. Muitas de nós fomos criadas para acreditar que não poderíamos cuidar de nós mesmas. É muito bom saber que podemos. Precisamos nos dizer com frequência: "Não importa o que aconteça, eu sei que posso lidar com isso".

No que se refere à maturidade emocional, as mulheres estão em seu nível mais elevado de evolução nesta vida. Atualmente, estamos melhores do que nunca. Portanto, este é o momento perfeito para moldarmos nosso próprio destino. Os avanços que fazemos agora irão definir um novo padrão para mulheres de todos os lugares do mundo. Existem muitas possibilidades na vida além do que possamos pensar ou experimentar atualmente. Agora temos oportunidades nunca antes disponíveis para as mulheres. Chegou a hora de nos conectarmos a outras mulheres, para melhorarmos a vida de todas nós. Isso, por sua vez, melhorará a vida dos homens. Quando as mulheres se tornarem realizadas, satisfeitas e felizes, serão parceiras maravilhosas, companheiras de trabalho e de vida admiráveis. E os homens se sentirão infinitamente melhores com suas semelhantes!

Devemos trabalhar para fortalecer os laços entre as mulheres, para nos apoiarmos em nossos caminhos para o crescimento. Não temos mais tempo para a antiga competição entre as mulheres por causa dos homens. As mulheres estão tomando posse de si mesmas. Temos de aprender tudo o que podemos para transmitir essa força e poder para os nossos filhos e os filhos deles. Então as mulheres nunca mais precisarão passar por todo o desprezo e abuso pelos quais *nós* passamos, e que nossas mães, avós e outras gerações enfrentaram. Só conseguiremos alcançar essa nova liberdade e reconhecimento trabalhando juntas para tomar posse de nós mesmas.

Ame-se e Ame a Sua Vida!

Dentro de você existe
uma mulher inteligente,
poderosa, dinâmica, capaz,
autoconfiante, viva,
ativa e fabulosa.
Deixe-a sair e agir.
O mundo está esperando
por você.

Leitura Recomendada

Não Seja Bonzinho, Seja Real

Como equilibrar a paixão por si com a compaixão

Kelly Bryson

Essa obra traz alguns dos segredos e técnicas mais poderosos já articulados para sustentar o amor e a harmonia nos relacionamentos. Kelly Bryson usou esses métodos para criar mudanças radicais em situações extremas. E, melhor de tudo, eles podem fazer mudanças enormes em sua vida no primeiro dia em que aplicá-los.

Segredos de Mulher

A Descoberta do Sagrado Feminino

Maria Silvia P. Orlovas

Por meio da história de três amigas, Marisa, Victória e Ana Lú, você acompanhará a transformação interior pela qual cada uma delas passou, a partir do contato que tiveram com os ensinamentos transmitidos por meio de suas taróloga e terapeuta, que se baseavam nas mensagens das cartas do Tarô, permitindo que o sagrado feminino fosse despertado em cada uma delas.

www.madras.com.br

Leitura Recomendada

LOUISE L. HAY
Ame seu Corpo

Um Guia de Afirmações Positivas para Amar e Apreciar o Seu Corpo

MADRAS

www.madras.com.br

Leitura Recomendada

PILATES PARA VOCÊ
Um Guia Completo para Prática de Pilates em Casa

Ann Crowther e Helena Petre

Descubra como o método Pilates pode alongar a musculatura, melhorar a postura e a flexibilidade, elevar o nível de força e boa forma – além de todas as vantagens que uma boa aparência e disposição proporcionam. Ilustrado com mais de 150 fotos coloridas, *Pilates para Você* é acessível e estimulante, mesmo para os iniciantes.

SOMOS ENERGIA
O segredo quântico e o despertar das energias
Novas respostas para o mistério da vida

Jorge Blaschke

Muitas vezes, depois de alcançar algum êxito ou objetivo, sentimo-nos recompensados, animados e cheios de energia. E, ainda que vagamente, também percebemos que certas atitudes anteriores foram a chave do sucesso.

www.madras.com.br

MADRAS® Editora — CADASTRO/MALA DIRETA

Envie este cadastro preenchido e passará a receber informações dos nossos lançamentos, nas áreas que determinar.

Nome _____
RG _____ CPF _____
Endereço Residencial _____
Bairro _____ Cidade _____ Estado _____
CEP _____ Fone _____
E-mail _____
Sexo ❏ Fem. ❏ Masc.   Nascimento _____
Profissão _____ Escolaridade (Nível/Curso) _____

Você compra livros:
❏ livrarias   ❏ feiras   ❏ telefone   ❏ Sedex livro (reembolso postal mais rápido)
❏ outros: _____

Quais os tipos de literatura que você lê:
❏ Jurídicos   ❏ Pedagogia   ❏ Business   ❏ Romances/espíritas
❏ Esoterismo ❏ Psicologia   ❏ Saúde   ❏ Espíritas/doutrinas
❏ Bruxaria   ❏ Autoajuda   ❏ Maçonaria   ❏ Outros:

Qual a sua opinião a respeito desta obra? _____
_____

Indique amigos que gostariam de receber MALA DIRETA:
Nome _____
Endereço Residencial _____
Bairro _____ Cidade _____ CEP _____

Nome do livro adquirido: ***Mulheres Poderosas***

Para receber catálogos, lista de preços e outras informações, escreva para:

MADRAS EDITORA LTDA.
Rua Paulo Gonçalves, 88 – Santana – 02403-020 – São Paulo/SP
Caixa Postal 12183 – CEP 02013-970 – SP
Tel.: (11) 2281-5555 – Fax.:(11) 2959-3090
www.madras.com.br

MADRAS® Editora

Para mais informações sobre a Madras Editora, sua história no mercado editorial e seu catálogo de títulos publicados:

Entre e cadastre-se no site:

www.madras.com.br

Para mensagens, parcerias, sugestões e dúvidas, mande-nos um e-mail:

marketing@madras.com.br

SAIBA MAIS

Saiba mais sobre nossos lançamentos, autores e eventos seguindo-nos no facebook e twitter:

@madrased

/madraseditora